中国印象

丛书主编 张玉金

汉字与书法艺术

秦晓华 编著

暨南大學出版社
JINAN UNIVERSITY PRESS

中国·广州

图书在版编目(CIP)数据

汉字与书法艺术/秦晓华编著．—广州：暨南大学出版社，2015.3(2018.5 重印)
(汉字中国)
ISBN 978-7-5668-1167-7

Ⅰ.①汉… Ⅱ.①秦… Ⅲ.①汉字—关系—书法—研究—中国 Ⅳ.①H12②J292.1

中国版本图书馆 CIP 数据核字(2014)第 235226 号

汉字与书法艺术
HANZI YU SHUFA YISHU
编著者：秦晓华

出 版 人：徐义雄
策划编辑：杜小陆 刘 晶
责任编辑：刘 晶 柳 煦
责任校对：范小娜
责任印制：汤慧君 周一丹

出版发行：暨南大学出版社(510630)
电　　话：总编室(8620)85221601
营销部(8620)85225284 85228291 85228292(邮购)
传　　真：(8620)85221583(办公室) 85223774(营销部)
网　　址：http://www.jnupress.com
排　　版：广州良弓广告有限公司
印　　刷：佛山市浩文彩色印刷有限公司
开　　本：850mm×1168mm 1/32
印　　张：5.5
字　　数：112 千
版　　次：2015 年 3 月第 1 版
印　　次：2018 年 5 月第 2 次
定　　价：25.00 元

总　序

当人类从野蛮跨入文明，一些民族发明并使用了文字。如巴比伦人的楔形文字、埃及人的象形文字、玛雅人的图形文字等。我们的先人，同样也发明并使用了象形文字。

然而到了今天，其他几种古老的文字体系都消亡了，只有我们的汉字至今还存活着，并呈现出勃勃的生机。在可以预见的将来，它都不太可能被废弃。这是为什么？

传说汉字是四目的仓颉所造的。他创造文字之后，“天雨粟，鬼夜哭”，真是惊天地、泣鬼神的壮举。即使在今天，还有人把汉字的创造看成是中国人的第五大发明。的确，汉字对中华民族的贡献，怎样评价都不过分。

汉字具有超时代性，使我们后人很容易继承先人所创造的伟大文明。中华民族生生不息，中华文明薪火相传，绵延不绝。汉字居功至伟。

汉字具有超地域性，使得居于不同地域、操不同方言的人们能顺利交流，维系着我们国家的统一和民族的团结。汉字功不可没……

汉字身上，蕴藏着无穷无尽的奥秘，等待着我们去探究。

然而以往对汉字的研究，多是就汉字研究汉字，如研究汉字的本义和形体结构，探究汉字的起源、发展、结构等。有时就汉语研究汉字，探讨汉字与汉语的关系。

近些年来，一些学者开始研究汉字自身所具有的文化意义，探讨汉字与中国文化的关系。

但是，到目前为止还没有人从中国文化生态系统的角度来研究汉字。本丛书就是从中国文化生态系统的角度来研究汉字的。

所谓中国文化生态系统是指由影响中国文化产生和发展的自然环境、科学技术、经济体制、社会组织及价值观念等变量构成的完整体系。人类的活动是社会的主体，人类的文化创造可以划分为科学技术、经济体制、社会组织及价值观念等四个层次，这些因素构成文化生态系统的结构模式。与自然环境最近、最直接的是科学技术一类智能文化；其次是经济体制、社会组织一类规范文化；最远是价值观念。对人类的社会化影响最近、最直接的是价值观念；其次是社会组织、经济体制；最远的是自然环境，它对人类社会化的影响是通过经济体制、社会组织及价值观念等中间变项来实现的。

汉字是一种文化现象，所以可以从中国文化生态系统角度来研究汉字。把汉字与中国文化生态系统联系起来，考察汉字所赖以产生的整个文化生态系统及其对汉字的影响，考察汉字中蕴涵的中国社会结构、经济土壤、文化系统和自然环境等各方面的信息。

本丛书的创新点，不是仅就汉字论汉字、仅就汉语论汉字，也不是仅就中国文化来论汉字，而是联系它所赖以产生的整个文化生态系统，从而达到对汉字的更为深入全面的剖析。

本丛书从汉字与人、汉字与社会、汉字与经济、汉字与文化、汉字与自然等五个大的角度来研究汉字，共提出39个研究子课题，每个子课题都写成一本小书。这些子课题如下：

一、人：汉字与人体。

二、社会：汉字与婚姻家庭、汉字与宗法、汉字与职官、汉字与战争、汉字与汉语。

三、经济：汉字与农业、汉字与渔猎、汉字与手工业、汉字与贸易。

四、文化：

（一）物质文化：汉字与饮食、汉字与服饰、汉字与建筑、汉字与交通、汉字与玉石、汉字与文房四宝。

（二）制度文化：汉字与刑法、汉字与度量衡。

（三）精神文化：汉字与乐舞、汉字与书法艺术、汉字与神话、汉字与对联、汉字与数目、汉字与医疗、汉字与色彩、汉字与经典。

（四）心理文化：汉字与民俗、汉字与姓名、汉字与避讳、汉字与测字、汉字与字谜、汉字与宗教、汉字与道德、汉字与审美、汉字与思维。

五、自然：汉字与植物、汉字与动物、汉字与地理、汉字与天文。

本丛书的读者对象是具有高中及以上学历的学生和一般国人，也包括学习汉语汉字的海外华人、外国学生和一般外国人。

全面揭示汉字所蕴涵的中国文化生态系统信息，可以让普通民众和大中学生对我们天天使用的汉字有更为深入的了解，有利于提高基础教育和高等教育的水平，有利于提高中华民族的科学文化水平；还可以让学习汉语的外国学生和一般外国人对汉字及其背后的文化生态系统，特别是两者的关联有更多的了解，这有利于汉字汉语汉文化走向世界。

张玉金

2014. 12

目　录

一、绪　论

中国的汉字是独特的文字。古埃及的圣书文字、古美索不达米亚的楔形文字、古克里特（米诺斯）文字和中美洲的古玛雅文字，诸种属于表意体系的文字都早已销声匿迹，成为历史的怀想，只有汉字存世，它是世界上唯一使用至今的表意文字。汉字展现了其生气充溢的历史流程，彰显了数千年灿烂文化载体的独特价值。

中国的书法是独特的艺术。它以汉字为表现载体，同时又融入了许多艺术上的审美要素。当代书家沈尹默曾在《书法论丛》里写道："世人公认中国书法是最高艺术，就是因为它能显示出惊人奇迹，无色而具有图画的灿烂，无声而有音乐的和谐，引人欣赏，心旷神怡。"中国的书法艺术是一种独特的造型艺术，它利用汉字的各种不同字体、各个汉字的不同形体，通过点画线条的提按节奏和力度的变化，利用墨色、布白等与美术相同的要素，形成了独特的艺术语言，表现书写者的创作意图、思想情绪，引发欣赏者精神上的共鸣，使之得到审美的感受和满足。这些艺术方面的因素及其效用，是非汉字系统的文字的书写所不具备或不可能做到的。所以，只有中国的文字成了一种书法艺术，且千百年来绵延不绝，堪称世界艺术文化宝库里的一块瑰宝。

书法艺术与汉字关系密切。纵观汉字、书法的发展轨迹，不难发现书法艺术对汉字的依循关系，脱离了汉字，书法艺术也就失去了价值。在早期文字中，书法艺术的一些美学要素已经开始孕育并在后世逐步得到积累、发展和完善。但汉字本身所蕴含的美学特征则是其成为一种独特艺术的最重要因素。

（一）汉字、书法的发展轨迹

汉字是汉语的载体，是书法的母体。

书法是汉字书写的艺术，经历了从实用的书写到书写的艺术的发展历程。

伴随着汉字字体的演变，笔画、结构的变化，汉字书写的简化、规范化，书法通过点画线条的提按节奏和力度的变化，利用墨色、布白等不断累积、沉淀着的艺术中的美学因素，逐渐形成蔚为大观的艺术风景。

甲骨文是现今能见到的我国最早的比较成熟的文字，虽然称不上严格意义上的书法艺术，但在这些文字中已经灌注了许多先哲的审美意识。先哲们已用线条通贯宇宙、贯注万物，积极地仰观俯察大地中的生动形象，结构着表现生命活力的汉字。在甲骨片、青铜器、石鼓刻石上，他们不仅以一种不可言传的美感精心切磋着每一个字的均衡、和谐，而且用笔或刀琢磨出独特的韵律。特别是在金文中，用“随体诘诎”的线条捕捉着太阳浑雄的环状、月亮阴柔的牙状、山突兀的峰峦、水流转的涟漪、熊罴悍健的跃动、女性身段的优雅……从甲骨片上的对贞刻辞以“千里路”为轴心的布白方式肇始，金文转向自上而下、自右而左的章法，而且巧妙奇绝，幽深无际。金文里的族徽文字有很多犹如描绘细致的图画，春秋战国时期的鸟虫书更是将汉字的实用性与装饰性合二为一，这些文字中所蕴含的艺术美感是不能被忽视的。郭沫若在分析殷商文字时说：“本来中国的文字，在殷代便具有艺术的风味。殷代的甲骨文和殷周金文，有好些作品都异常美观。留下这些字迹的人，毫无疑问，都是当时的书家，虽然他们的姓名没有留传下来，但有意识地把文字作为艺术品，或者使文字本身艺术化和装饰化，是春秋时代末期开始的。这是文字向书法的发展，达到了有意识的阶段。作为书法艺术的文字与作为应用工具的文字，便多少有它们各自的规律。”因此，

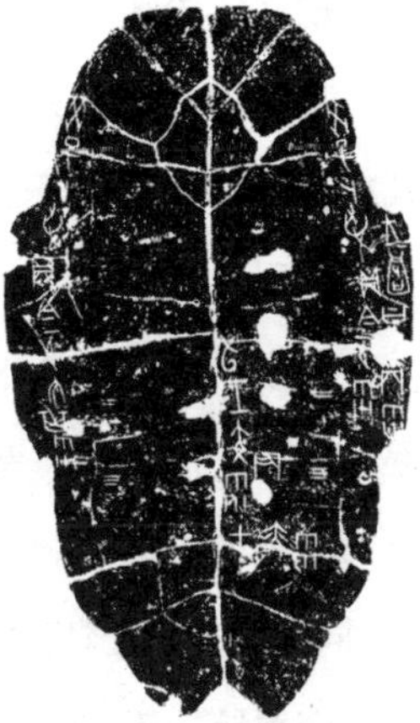

殷商甲骨文·《甲骨文合集》第 12487 片正面拓本

金文族徽·商代晚期·鸢祖辛卣（拓本）

在早期文字阶段，中国书法艺术中的一些基本因素已开始积淀，从一个极其辉煌的起始点上开始了灿烂而又漫长的历程。

经秦而汉，各式书体产生，书法逐渐成为一门艺术。秦朝是中国历史上第一个统一的王朝。秦始皇推行的“书同文”是中国历史上第一次由中央政府领导的正字活动，确立了“小篆”的标准书体地位。小篆字体从笔画、结构到形体都比以往的古文字字体更加规范、简约，而且字体修长、线条匀净，舒卷自如，有一种平和宁静又不失庄重威严的美，与秦代大一统的恢宏气象相契合。至汉代，隶书逐渐取代小篆，成为最重要的书体。隶书对篆书的改造可谓是大刀阔斧式的，它使汉字朝着更为简化、便捷的方向发展，同时也朝着新的审美意识进发。汉隶中那种蚕头雁尾式的波挑组合，显示的是一波三折的节奏韵

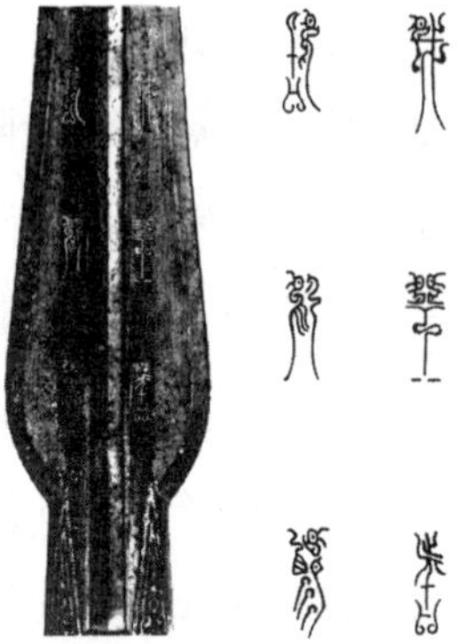

鸟虫书 · 战国早期 · 越王者旨于赐矛（局部拓本及摹本）

东汉 · 《袁安碑》（拓本）

律，使人深刻体验到超逸、昂扬、自由的生命情调。汉代这种新的书艺的积淀，使书法内核随之丰富起来。两汉留下了无数的书法艺术精品，从汉隶到汉印，从汉简到汉碑，都是后世追摹的典范。无论其风格是质朴雄浑还是典雅秀丽，都为后人留下了可观的艺术财富。

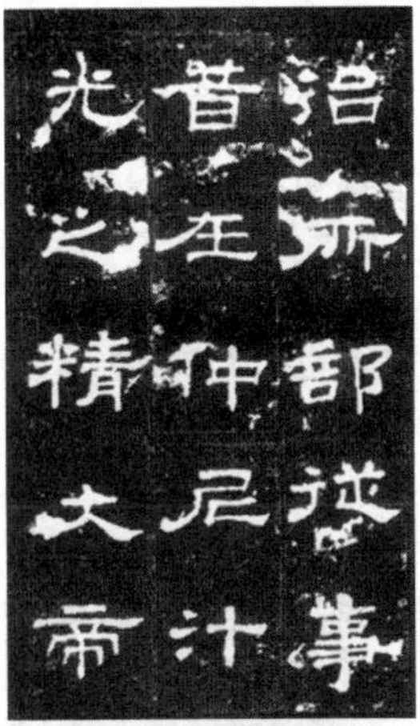

东汉·《史晨碑》（局部拓本）

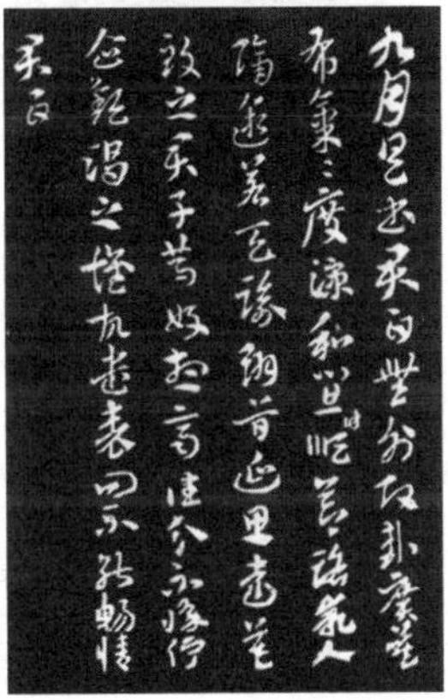

晋·索靖《月仪帖》（局部拓本）

魏晋时代是“人的自觉”的时代，人的生命意识的觉醒创造了文化艺术的极度辉煌，形成了独特的“魏晋风流”。书法在这一时期呈现出了繁荣的局面：草书、行书、楷书都在这一时期承两汉遗风，继续发展，并逐步走向成熟，涌现出索靖、卫恒、皇象、王羲之、王献之等一大批书坛巨擘。魏晋时代的文人将书法视为一种自觉的寄托意兴的自由领域，几乎没有功利之心。他们敏锐地发现了自然的外在美，又深入地发现了精神的内在美，以空明的觉心容纳万境，从而使一点一画意态纵横，偃仰之间，绰有余裕。楷书将隶书的一波三折变为勾画分明，自成一种端庄秀丽之美；行书书写的快捷自由形成飘逸灵秀之美，成为历代书家不懈的追求；草书的连绵飞动、变化无穷，给了书家驰骋想象的艺术空间，受到无数书家的青睐。

唐代和宋代是中国历史上物质和文化高度繁荣的时代，书法艺术也是大放异彩。唐代是楷书真正成熟且灿烂的时期。唐楷逐渐褪去了魏晋楷书中的隶意，字体由扁方转为方正，且字形规整，

唐 · 徐浩《不空和尚碑》（局部拓本）

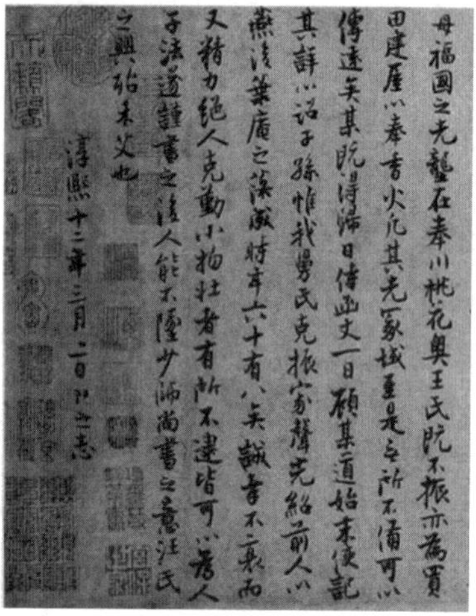

南宋 · 张即之《汪氏报本庵记》（局部）

结构精巧，法度谨严，堪称一代楷模。欧阳询、虞世南、褚遂良、薛稷、颜真卿、柳公权、徐浩、杨凝式等都是书坛上赫赫有名的楷书大家。唐代的篆书、行书、草书也有新的开拓，呈现出百艳群芳的繁荣局面。宋代书法家则一改唐人的“尚法”风尚，

着意追求天真烂漫、萧散自由的意趣，形成了独树一帜的“尚意书风”。两宋书坛亦是名家辈出，苏轼、黄庭坚、米芾、赵佶、苏舜钦、陆游、范成大、朱熹、赵构、张即之等，从学识到书艺，从创作到理论，都成就卓著。其后，元明清各代无不汲取前人的艺术精华，并努力开拓书艺的新境界。

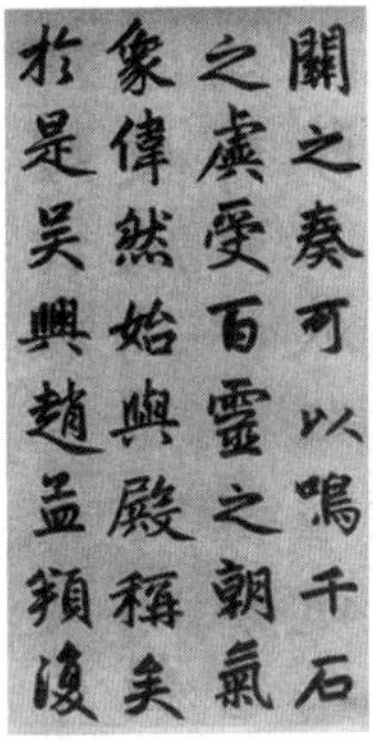

元·赵孟頫《玄妙观重修三门记》（局部）

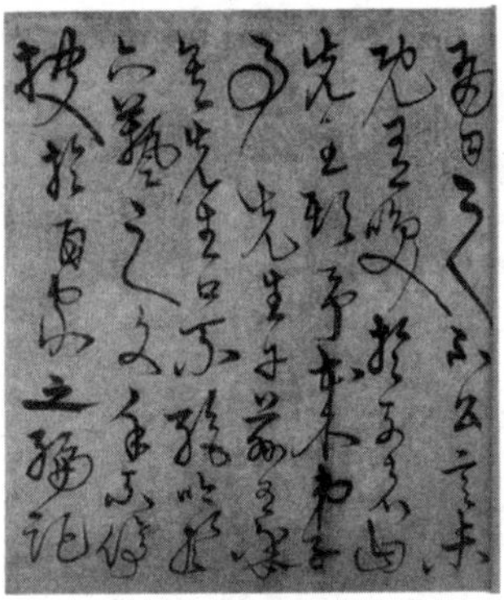

明·宋克《进学解》（局部）

清·吴大澂《急就篇》（篆书）

南宋后期，书坛呈现出萎靡不振的境况，至元初更是江河日下。赵孟頫以其卓人的胆识，高举“复古”大旗，力挽狂澜，以期重振晋唐的宏伟之质。此后明人亦以其优秀的书艺为后世留下了可观的财富。清人面对前人屹然耸立的一座座高峰，重新审视了书艺的沉淀之质，在碑学领域开拓出一块新天地。清代，随着文字学、金石学的再度复兴，访碑著录、考释研究之风大兴，碑派书法应运而生。从钟鼎彝器到摩崖石刻，这些都是碑派书家取法借鉴的对象，从篆书到隶书、楷书，无一不是书家努力探索的领域。

在当代，随着汉字的进一步简化、规范化，书法艺术一方面继承优良传统，一方面也在努力开拓创新，以创造出属于新时代的书法风格。

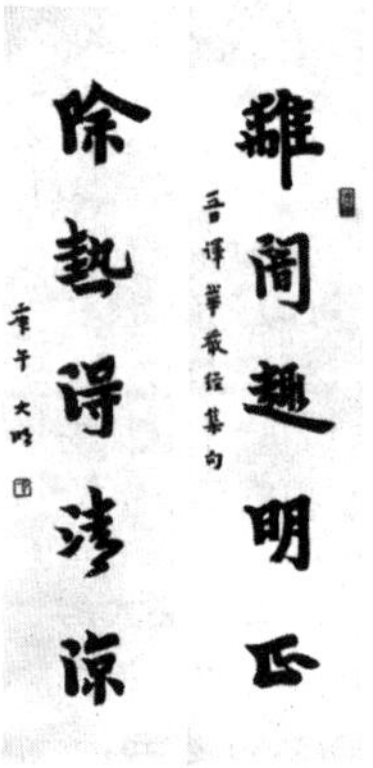

李叔同《华严经集句》

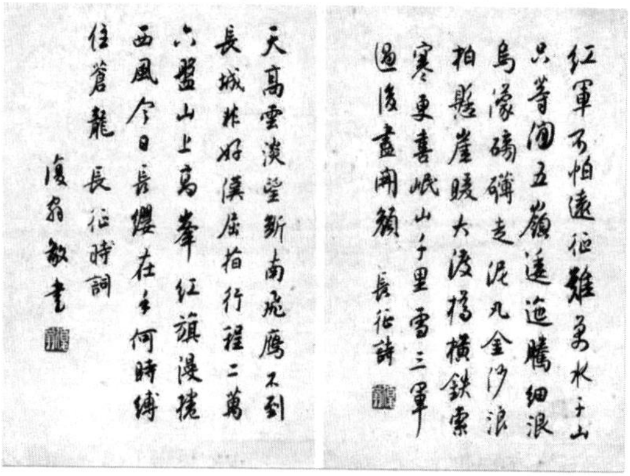

白蕉《毛主席诗词》（局部）

现代的书法艺术是中国现代书家精神世界的审美投影。它不仅反映出现代社会的变革，而且反映出现代书风的多元多维。现代的书法以于右任、李叔同、沈尹默、邓散木、林散之为代表，他们那个性鲜明的书法美——或平淡，或萧散，或秀逸，或儒雅，或高古，给人以不同的审美享受。当然，现代书家的长卷中，还有马一浮、马叙伦、陆维钊、潘伯鹰、高二适、沙孟海、王蘧常、白蕉、启功、萧娴等。正是书家们的博采众长，别出心裁，推动了现代书法艺术的发展。

（二）汉字成为书法艺术的原因

中国的汉字是独特的文字，它是世界上唯一使用至今的表意文字。

中国的书法是独特的艺术，它是世界上唯一以文字为表现载体的艺术。

因此，基于这两种独特性，汉字成为书法艺术的原因就更具有探讨的价值。

除了上文简略提到的一些美学因素的积累，汉字本身所蕴含的美学特征才是汉字成为书法艺术的最重要因素。

董琨在《汉字的美学特征及其书法艺术与规范》① 一文中将汉字的美学特征归纳为对立统一的三个方面，即形象美与抽象美、动感美与静觉美、形式美与意境美。下面作简要说明。

---

① 董琨：《汉字的美学特征及其书法艺术与规范》，《语文研究》1996 年第 2 期，第 27 ~ 33 页。

1. 形象美与抽象美

书法和绘画一样，都属于造型艺术。既然如此，它首先具有形象美，而汉字则给书法的形象美提供了条件。

汉字的产生与汉字的性质就孕育着汉字书法形象美的因素。中国古代有仓颉造字的传说。东汉许慎《说文解字·叙》中说："黄帝之史仓颉，见鸟兽蹄迒之迹，知分理之可相别异也，初造书契。"又说："仓颉之初作书，盖依类象形，故谓之文。其后形声相益，即谓之字。"其实文字是大众的创造，不可能是个人的发明。但从许慎这段话可以看出，汉字的创造来自大自然的"鸟兽蹄迒之迹"，是"依类象形"的。类，就是客观世界中的物类。最早的汉字叫做"文"，《说文解字·文部》："文，错画也，象交文。"这也就是今天"花纹"的"纹"字的早期写法，就是画画。试看山东大汶口文化中的陶文、浙江良渚文化玉石片上的鸟形、殷初青铜器上的族徽文字，许多都是描绘细致的图画（有些学者认为它们不是文字），至于殷商甲骨文和西周金文，其中的象形字更多。许慎有"书者，如也"的说法，更是直截了当地认为汉字的形体犹如事物的形态。所谓"形声相益"而产生的大量的"字"，也是以象形字为基础的。由此看来，中国传统认为"书画同源"，并非无稽之谈。

当然，汉字经过书写方法和字体的变迁，到后来是不大象形了，或者如鲁迅所说，成了"不象形的象形字"。不过在古代书法理论家那里，还是把汉字的形体与自然界的物象紧密联系的，如东汉蔡邕就说："夫书肇于自然。"（《九势》）又说："为书之体，须入其形：若坐若行，若飞若动，若往若来，若卧若起，若愁若喜，若虫食木叶，若利剑长戈，若强弓硬矢，若水火，若云雾，若日月，纵横有可象者，方得谓之书矣。"（《笔论》）所谓"纵横有可象者"，就是强调汉字的形象美，从而体现书法的形象美。

不过，如果汉字的书法仅仅局限于上述的形象美，那就不成其为独立的书法，而应归入绘画了。书法之所以具有艺术特性，乃在于它还具有抽象美，而此种抽象美也是汉字所赋予的。

首先，汉字的抽象美主要表现为线条美。这种线条美可以脱离造型的物象而存在。早期汉字在甲骨文中的笔画，由于多系刀刻，给人一种刚劲有力的感觉，笔画的粗细也有变化，尽管许多字不是象形（因甲骨文已形成相当成熟的汉字体系），甚至不能释读，但仅从线条上就能使我们领略到书法的抽象美。而线条即笔画，正是构成汉字形体的基础。其次，汉字形体所构成的图像，往往是不象形的抽象图案，各部件的配合布置，笔画分布的平行交叉，在没有接触过汉字的人（主要是西方人）看来，都是十分怪诞的，但是仍然能引起他们审美的情感。最后，汉字的抽象美还表现在字形所体现的意义上，如大量"比类合谊，以见指㧕"的会意字，像"休"字，人靠在树上表示休息，再有"人言为信，止戈为武"之类，我们认为是从形象到抽象，能给人以联想和领悟的余地，因而也是美的。

2. 动感美与静觉美

书法是兼有时间和空间的艺术。从时间上来说，它是线性的，连续的；从空间上来说，它是二维的，凝定的。因此，它兼有动感美和静觉美就是必然的。而这两种美，也同样不能脱离书法的载体——汉字。

汉字笔画部件的书写，不论是金文、小篆的圆转，隶、楷的方折，行、草的方圆随意，都蕴含着运动的韵律，举凡起笔、运笔、收笔，提按之际，其力度、节奏都会有所变化。如起笔有两种方法：一是露锋，讲求“横划直下，直划横下”；二是藏锋，讲求“欲右先左，欲下先上”。运笔讲求“逆入平出（涩进）”、“万毫齐力，一波三折”、“令笔心常在点画中行”等。收笔（结笔）则讲求“藏头护尾”、“无往不收，无垂不缩”等。

传统的书法学习，一般要从“永字八法”入门。所谓“永字八法”，就是关于汉字笔画的八种造型方法。南宋书法理论家姜夔《续书谱》中说：“点者，字之眉目，全藉顾盼精神，有向有背，随字异形。横直画者，字之体骨，欲其坚正匀净，有起有止，所贵长短合宜，结束坚实。撇捺者，字之手足，伸缩异度，变化多端，要如鱼翼鸟翅，有翩翩自得之状。挑剔者，字之步履，欲其沉实。”这样，无疑使书写出来的笔画造型充满了动感。之所以如此，一方面是书写方法和要求使然，但另一方面也是汉字形体的特点能够容纳这些方法和要求的缘故。如果是那些基本只是连续画圆圈的文字，可想而知是难以产生这种书写上的韵律和动感的。

静觉的美，就是平衡美。汉字形体的平衡美也是显而易见的。首先，多数汉字的结构是“平正安稳”（东晋·王羲之《书论》）、“四满方正”（唐·欧阳询《欧阳结体三十六法》）的，这就给汉字的对称平衡创造了条件。如“十、中、丁、小”等字，中间一竖是对称轴，其余部分是左右基本对称的。汉字结体还有“繁则减除，疏当补续”的讲究，这也是为了达到汉字的对称平衡美。其次，这种平衡是有变化的动态的平衡，犹如舞蹈动作瞬间的静止，此时身体各部分不是队列动作中“立正”的姿势，而是相互配合呼应的平衡。由相同部件构成的合体字，部件的写法应有所变化，不能一模一样，如“林、竹、竝”。平行线之间，除了印刷体美术字外，也不能绝对平行，如“三、豆、圭”。有些字如“烈、熬、照、然”，其底下的四点，不论是隶书还是楷书，总是把它们基本置于同一水平线上，然后加以左右顾盼的变化呼应，从而达到静中有动的平衡。

至于书法在整幅作品即在汉字的组合中追求和创造的动感美和静觉美，就不在这里所要说明的范围里了。我们所要强调的是：整体的动感和静觉不能脱离单个汉字形体所能提供的动感和静觉，这就犹如流动畅发的舞蹈是由一个个相对静止的分解动作所组成的一样。

3. 形式美与意境美

书法是造型艺术，当然要讲求形式美。这种形式美与其他造型艺术不同，也是汉字的特性所造成的。

汉字的形体，就轮廓来看，在甲骨文、金文、小篆阶段，基本以长方为主；在隶书阶段，基本以扁方为主；在楷书阶段，基本以正方为主。楷书是长期以来应用最广的基本字体，所以汉字也被称为“方块字”。我们知道，绘画美术中有三种基本形状：圆形、三角形和四方形。四方形要比三角形和圆形能容纳更多的造型变换。这是汉字形式美的基础所在。

汉字的形式美，关键在于每个汉字的形体都具有一个重心。各种笔画及其构成的部件，围绕重心有机地组合，其分布符合美学中的“黄金分配律”。根据启功先生多年的潜心研究，一般看来写得美的汉字，其重心大抵在中间偏左上的部位，各部分的比例正符合黄金分配律①。

汉字的结体方法多种多样，前人归纳了很多。较著名的有唐代欧阳询的《欧阳结体三十六法》（实为托名之作），将汉字分为“排叠”、“避就”、“顶戴”、“穿插”等。诸如“排叠”说：“字欲排叠疏密停匀，不可或阔或狭。如‘壽、藁、畫’……”“避就”说：“避密就疏，避险就易，避远就近，欲其彼此映带得宜。

① 启功研究的结果为 5/8 = 0.625，与黄金分配律的 0.618 在数据上比较接近。由于两者的研究方法、计算方式并不相同，结果也不可能完全一致。

又如‘盧’字，上一撇既尖，下一撇不当相同……”这些，实际都是造成汉字书法形式美的方法和规则。

这种形式美，甚至可以达到“删之一分则太短，增之一分则太长”的地步，简直如同人体结构的完美程度。而正是由于汉字的形体具有独立性，形体内部又具有笔画、部件的分解性和组合性，才有了书法形式美的先决条件。

成功的汉字书法作品，能使欣赏者在领略形式美的同时，进而体会作品的整体情调、气氛，体会书写者的思想感情、精神境界。这就是汉字书法所能达到的意境美。这种意境美的创造和欣赏，也同样不能脱离汉字。

汉字具有与客观自然界相通的形象美，已于前述。大自然的景色物象是可以激发或改变人类的思想感情的。《诗经·小雅·采薇》有“昔我往矣，杨柳依依”之句，描述的是充满生机的春日景色，体现着主人公欢快的情绪；又有“今我来思，雨雪霏霏”之句，描述的是肃杀的冬日图像，心情自然也凄凉悲哀。这与书法意境美的表现和领略，有着相通之处。

汉字在其发展的历史长河中，产生了诸多的字体（书体）。就其整体风格的不同，可以表现不同的情调。唐代张怀瓘著有《六体书论》，从宏观上概括了某些书体的美学特点，如小篆“其势飞腾，其形端俨”；八分（即隶书）“点画发动，体骨雄异……贵逸尚奇，探灵索妙”；行书“贵其家承蹑不绝，气候通流”；草书“字势生动，宛若天然”等。这对我们领略各种汉字字体书法的意境美是有所启发的。

再者，即便是同一字体的汉字，每个字的笔画结构亦有不同的组合，呈示不同的造型形态，这也能体现出书法的意境美。例如，同样是楷书，而且同样是唐人的楷书，可以区分出欧（阳询）书的谨严、褚（遂良）书的瘦削、颜（真卿）书的雄健、柳（公权）书的遒劲等。

当然，书法的意境美是要就整幅作品来体现和欣赏的，如：同样是行书，王羲之的《兰亭序》洋溢的是天朗气清、平和自然的美，而颜真卿的《祭侄稿》则令人油然而生抑郁沉痛、奇伟悲壮之感。这就不是单个的汉字所能奏效的，好比乐曲、诗词的意境也不是仅由单个的音符、字词来体现的一样。但是，汉字所固有的字体和形体的丰富性毕竟是书法意境美的根基所在。

综上所述，汉字书法艺术的审美因素是与汉字的美学特征密切关联的。如果中国的书法脱离了汉字，那就将不成其为书法。现在颇有些搞所谓“现代书法”、“前卫派”的人，主张书法脱离汉字，单纯表现线条、墨色浓淡等（甚至加彩色），这也许不能说不是艺术，然而，绝不能叫做书法艺术。

二、汉字的字体演变与书法艺术

（一）古文字与书法艺术

1. 古文字的类型

所谓古文字，指的是古代通用而现代丧失了交际功能的文字。依据其载体的不同，我们可以将中国的古文字划分为以下几种类型。

（1）甲骨文。

使用甲骨占卜、祭祀、书写，这是上古中国文化独具特色的一面，世界上其他地方没有这样的做法。甲骨文——现存最早的中国文字，大多是书写或契刻在龟甲和兽骨上的。这些甲骨文都是商代后期和周初的文字记录，也是三千年前王室档案的一部分。但是，占卜时使用兽骨并不是起源于商代，而是可以追溯到远古时期。在中国的许多新石器时代的遗址上，曾发现不少兽骨和龟甲的碎片，上面有烧灼的痕迹，只是没有文字。殷人可能承袭了这种用甲骨祭祀的传统，加上文字，来作为占卜的记录。

根据记载，周代继续使用甲骨祭祀，但占卜文字主要书于简帛之上（事见《周礼》）。20 世纪 70 年代有一些周代早期的甲骨出土，但刻有文字的为数不多，大概是西周承袭商代，最初仍继续将卜辞刻在龟甲、兽骨之上，稍后，因简帛的使用已很普遍，书写较契刻简便，卜辞便逐渐被改写在简帛之上，后不再承袭商代制度，不再将甲骨作为记录文字的材料而广泛应用了。

殷商 · 甲骨文

对商代前期纪年的考订虽然尚未得出准确的结论，但采用各种方法，大部分的甲骨文仍然能粗略地断定它们的年代。根据学界研究，这些甲骨文是从公元前 14 世纪后期盘庚十四年迁都安阳后，到公元前 11 世纪中叶帝辛灭亡前这一时期内的记录。根据《夏商周断代工程报告》中所推测的年代，盘庚十四年也就是公元前 1300 年，殷亡是在公元前 1046 年，现有的商代甲骨文大部分是这一时期内的记录，前后历经八代十二王，共约 250 年。至于这些甲骨文中是否有盘庚时代或更早的卜辞，至今还是一个有争议的问题。

（2）金文。

金文的载体是铜器。铜器的出现，与石器和陶器都有一定的关系（冶材取自石头，模范是用陶制作的），特别是与陶器关系密切，不但制作离不开陶范，而且器种、器形，也是相互模仿的。以铜器记载文字，自商代至汉代陆续不绝，但用于记录史实，却以周代最为普遍。自从东汉大量采用石碑记载有纪念性的文字后，金文就逐渐消失，铜器也便不再用于史实的记载了。

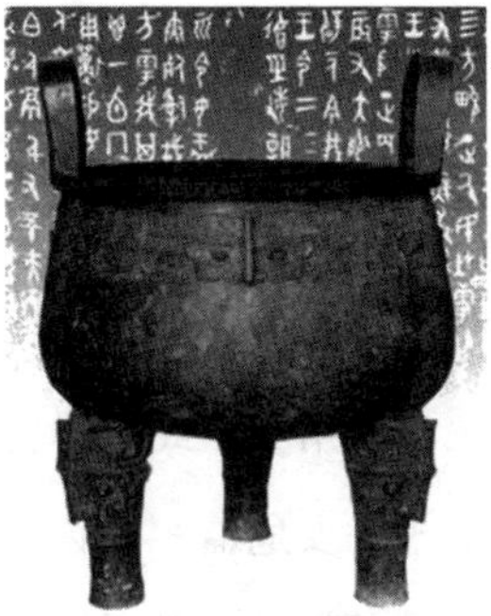

西周 · 大盂鼎

(3) 玉石文。

在考古出土的器物中，石器的资格最老，玉器是石器的一种，年代也很早。但石器和玉器上的文字，似乎不早于商代，特别是长篇纪念性的刻石，更是东周以来才有。中国的长铭石刻或纪念性石刻，早期比较贫乏，和西亚、埃及等国家的文明不同，它在秦汉之际的突然出现和数量的急剧增加，很可能和欧亚草原对中亚地区的影响有关。中国最早的长铭石刻，一是见于和匈奴相邻的秦国（石鼓文、诅楚文、秦始皇刻石），一是见于源出戎狄的中山国（守丘刻石），更大的发展则是在汉武帝开通丝绸之路以后。秦昭襄王、秦始皇、汉武帝三伐匈奴、三筑长城，中国才有长铭石刻，才有

春秋 · 侯马盟书

各种大型石雕，这不是偶然的。

玉石文主要有先秦的石鼓文、诅楚文、秦骃玉版、侯马盟书等。

(4) 简帛文。

简帛文，或称“竹帛”，因《墨子》多称“书于竹帛”，《韩非子·安危篇》也说“先王寄理于竹帛”。在古文字材料中，简帛是易耗品，轻便易得，是书写材料的主体。

关于竹简使用的时间，下限是在魏晋，应该没有多大的问题，但上限却难以确定。王国维在《简牍检署考》中说：“书契之用，自刻画始。金石也，甲骨也，竹木也，三者不知孰为后先，而以竹木之用为最广。竹木之用亦未识始于何时。”上限还很难确定。学者根据典籍记载和情理判断，认为商代、西周和春秋肯定都有竹简，如甲骨文中有“册”字，西周金文中有大量史官“册命”的记录，但现在的发现，年代最早也不过到战国初年，实例是曾侯乙墓遣册。

上博简·《孔子诗论》

目前发现的战国竹简，主要为楚国所有。迄今为止已正式刊布的楚简，主要有：仰天湖竹简、信阳竹简、望山竹简、随县竹简、九店竹简、包山竹简、郭店竹简、新蔡竹简、上博简等。

帛书的发现目前还太少，只有战国中晚期的子弹库楚帛书。

（5）玺印文。

古玺印，是古代人们的信用凭证，也是国家行政机构施行职权的工具。在先秦时期，古玺印大都称为“玺”。公元前221年，秦始皇兼并六国，规定皇帝所用的印称“玺”，其他只能称“印”。

根据文献记载以及出土实物推测，古玺的兴起大约在春秋时期。当时频繁的政治活动需要以官玺作为权力的凭证，密切的个人交际及经济往来也需要以私玺来昭示信用。

古玺只有少量是以玉、银等材料制成，绝大多数为铜质。古玺根据内容与用途可以分为官玺和私玺两大类。

（6）陶器文。

陶器也是书写文字的原始材料。半坡和大汶口陶器已载有陶文，殷周也有少量的陶文。传世的陶文则多为晚周齐、燕遗物。20世纪50年代以后，在韩、赵、魏、楚、秦等国旧地也均有陶文相继被发现。战国陶文用玺印印成者居多，这些陶文多具边框，与玺文相同。有的学者曾列举某

战国·陶文

些陶文与玺文内容相同者以作比照，尤能使人信服。除玺印者外，战国陶文也有刻契和笔书者。

战国陶文，根据文字内容大致可以分为三类：私名陶文，多为制造者的姓名；官器陶文，多为使用陶器的单位；记事陶文，私名和官器前冠以时间及各级职官。

（7）货币文。

上古交换以物易物，到商代始用贝壳作为等价物进行交换，这是我国最早的货币形式。春秋战国时期，商品经济的活跃促使货币流通量激增，金属铸币就大量出现了。现存的先秦古钱大多数是战国时期的东西。有铭战国货币，除楚国地区曾用金质外，其余几乎全用铜质。按其形制大致可以分为五类：布币、刀币、钱币、贝币、金币。

2. 丰富多彩的古文字书风与篆书艺术

对于秦代以前古文字的风格，前人曾有“玉箸体”、“蝌蚪文”、“鸟虫书”等说法，但这仅仅是古文字中的几类典型字体而已。实际上，古文字由于通行时间长、分布地域广、书写材料丰富、书手众多，形成的风格也是多种多样的。从大的方面来讲，刻、铸、书所造成的差异即十分明显；如果作细的分析，每一种方式下面还有种种不同的风格，可说是五光十色、绚丽多彩。

风格差异中，最明显的是手书类与铸刻类的不同。包括甲骨文、金文、石刻文在内的铸刻类文字，用笔一般都以中锋为主，笔道多为均衡线条，行笔基本用平移手法；手书文字则中、侧锋并用，而以侧锋更为常见，用笔顿曳分明，富粗细变化，行笔多用摆动手法，与铸刻类形成明显的差异。

铸凿与刀刻文字的区别亦颇明显。浇铸的铭文和面积较大的凿刻铭文（如石鼓文），用笔一般是逆入回收、中锋行笔，主要用平移手法，线条婉转自如、粗壮圆润，每多浑厚之感。刻款主要见于甲骨、铜器、玉片及面积不太大的石器，与铸款一样，同为中锋行笔、平移手法，但刻款文字顺锋落、提锋出，首尾多露锋芒，文字笔画纤细，笔道平直方折，每多爽脆、犀利效果，有别于铸凿文字。

由于时代、地域、书手等因素的不同，铸、刻、书每一类内部还有种种风格差异。同为铸款，周初雄壮派之肥笔与波磔，笔画中肥而首尾出锋及婉约派之线条轻巧灵动、婉曲柔和，收笔时见出锋的写法，与周中晚期之笔画圆转、首尾如一的风格形成鲜明的对比。同是宗周书风的毛公鼎与散氏盘，亦有用笔裹锋松与严、行笔快与慢的差异。同是刻款，中山诸器如簪花美女，虽仪态万方，却不能纵笔驰骤，表现得宁静安详；楚铭如酓忎鼎则率真烂漫、展拓奔放、轻快随意，与前者风格迥异。

手书墨迹主要见于东周时期，其中以侯马盟书、楚地简帛的特色最为明显，而由于材质、地域、时代的不同，手书风格也是千姿百态。

春秋战国之交的侯马盟书为我们了解当时中原书风提供了可

贵的材料。盟书是诸侯和卿大夫通过盟誓仪式而缔结的一种具有制约作用的联盟文书，以毛笔蘸取朱砂或黑墨书写于玉石之上。盟书在用笔和结字方面特点明显：在用笔上，由于石片比竹简摩擦要大，着力一般比较沉实，虽然轻重、顿曳之势分明，落笔重而收笔轻，侧锋入笔而具扁方之势，但收笔处出锋往往尖而不偏，线条仍多圆转丰满，不少地方还是留有中锋效果的；结字方面，由于玉片、石片较竹简宽，行与行之间有较大的伸缩余地，所以结体虽紧密，但字形大小、疏密、斜正富于变化，总体看去，活泼灵动，爽朗自然。盟书出自不同书手，假如细分，还可以找出若干个性差异，但通过上面描述的共同特点亦足以看出三晋书风与其他地域的差异了。

春秋 · 侯马盟书

楚帛书出土于长沙子弹库，是我们目前所能看到的唯一一件战国帛书。帛书以毛笔书写于缯帛之上，缯帛比玉片、石片更宽，本来可以更尽情地挥洒，然而，可能由于内容较严肃，篇幅较长，通篇行陇分明，写来不会太放纵，故与盟书及简书相比，还是表现出了明显差别。从用笔上看，缯帛纹理虽不比石片粗，却要比竹简阻力大，所以写来均意实力足，摆动中仍存较多的中锋。帛书横向笔画较长，伸展自如，长横带下之势尤为明显，呈现出笔画之间气势的连贯，有较强的流动性。从结体上看，字形扁平，欹侧取势，呈现出清健婀娜的书风，与端庄凝重的秦地书风迥然有别，而与后代的隶书颇为相似，饶宗颐先生指出："帛书用圆笔不用方，以圆笔而取衡势，体隶而笔篆也。"①

战国·楚帛书（局部）

楚地竹简出土比较多，比较重要的如信阳简、望山简、包山简、郭店简、上博简、曾侯乙墓简等，在用笔方面虽同具"起处稍尖，中间偏前较粗，收笔处特尖"② 的线条效果，但由于材料丰富，涵盖的时间较长，地域广阔，书手众多，不同墓葬，甚至同一墓葬出土的竹简文字，风格也不尽相同。

例如，战国早期的曾侯乙墓竹简文字与同时期的金文有比较多的相似之处。从用笔上看，虽也运用了摆动手法，时时流露出侧锋的痕迹，但锋尖收得比较紧，不少地方仍见中锋效果；从结体上看，字形修长，横向笔画多往上压紧，腾出位置，让纵向笔画向下恣意伸展，所以竖笔花色多变，或弯曲扭动，或摆动伸展，婀娜多姿，在竹简文字中独具一格。

又如，上海博物馆馆藏战国楚竹书（简称"上博简"）是近

① 饶宗颐：《楚帛书之书法艺术》，参见饶宗颐、曾宪通编著：《楚帛书》，香港：中华书局香港分局1985年版，第150页。

② 黄锡全：《楚系文字略论》，《华夏考古》1990年第3期，第99～108页。

十年来陆续公布的楚简新材料，这批材料上的文字出自不同书手，风格各异。其中，《竞建内之》全用侧锋铺毫，行笔虽呈现重落轻收迹象，但笔道短促，平直而乏变化，粗细之间并不讲究自然过渡，下笔较重，横向笔画较粗，纵向较细，与曾侯乙墓竹简形成强烈的对比。而《姑成家父》的特点则介于曾侯乙墓竹简和《竞建内之》之间，用笔以侧锋为主，多重落轻收，字形较为方正，笔道虽圆转弧曲，但不如曾侯乙墓竹简摆动幅度大，却又较《竞建内之》多了许多轻重对比及姿致神态的变化。其他如《周易》笔尖特紧，线条特细，笔道平直，字形方正、规矩；《弟子问》、《民之父母》笔画横粗竖细，用笔重落轻收比较突出，字形方中偏长；《鲍叔牙与隰朋之谏》用笔与楚帛书相近而字形较长；《三德》行笔放纵，结字灵动，显得豪迈奔放。凡此诸类，均别具个性。

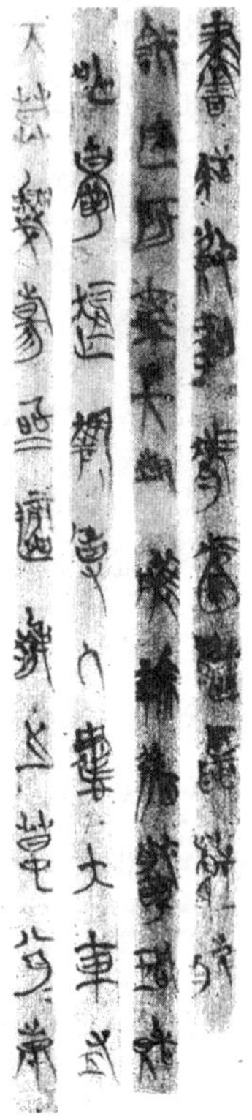

战国 · 曾侯乙墓竹简

此外，如《郭店楚墓竹简》中《老子甲》、《老子乙》之规矩，《老子丙》、《语丛二》之精致，《成之闻之》与《尊德义》之灵动等，也都各具特色。

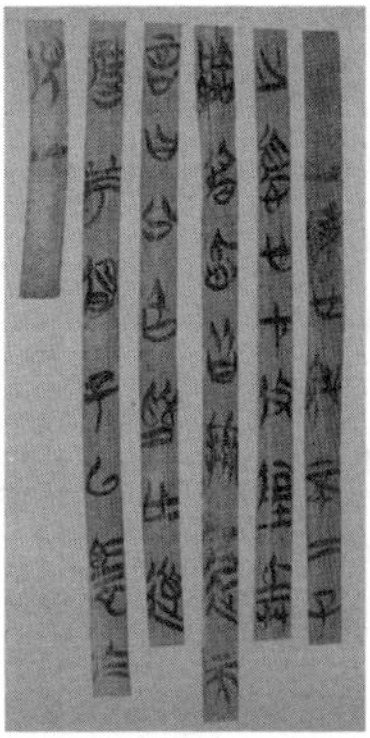
上博简 ·《竞建内之》

上博简 ·《姑成家父》

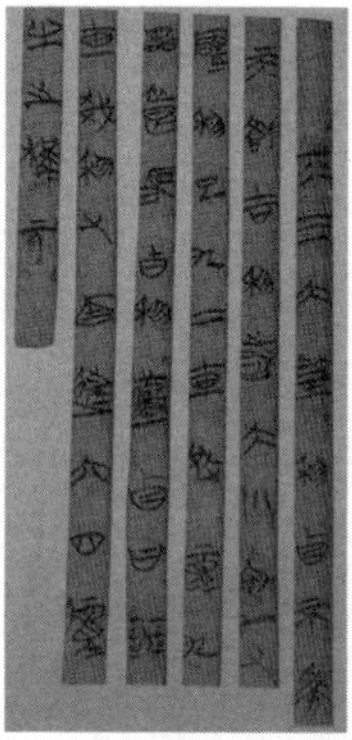
上博简 ·《周易》

上博简 ·《弟子问》

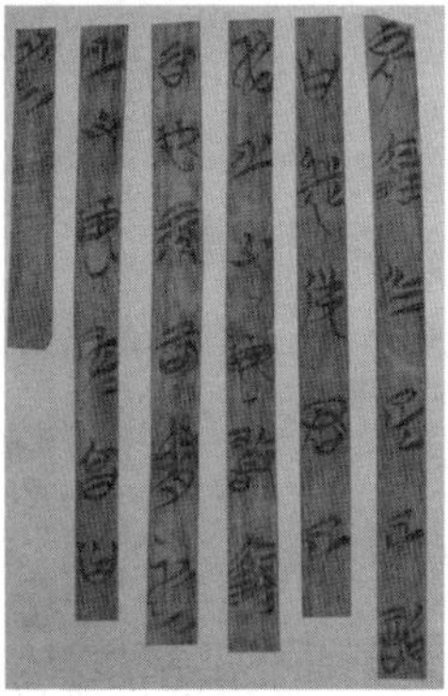
上博简 ·《民之父母》

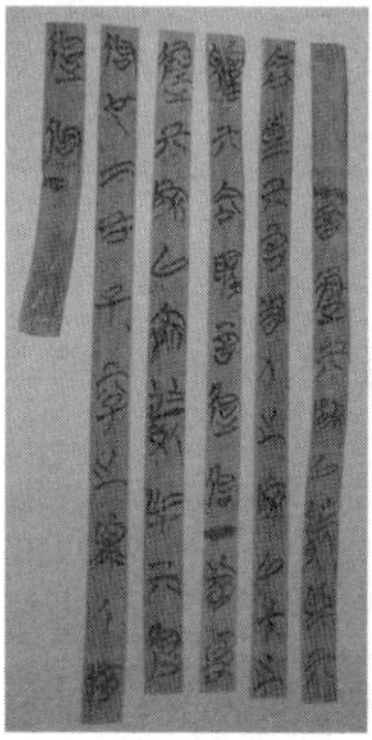
上博简 ·《鲍叔牙与隰朋之谏》

上博简 ·《三德》

总之，古文字书风林林总总，多姿多彩，只要深入钻研，揣摩、探寻各种作品的用笔方法及结构、风格的差异，我们就会发现里面有取之不尽、用之不竭的艺术灵感。只要静下心来，从模仿、再现开始，积累多了，就能有新的感觉，新的发现，新的突破。康有为《广艺舟双楫》："学书必须摹仿，不得古人形质，无自得性情也。"吾丘衍《论篆书》："学篆字必须博古，能识古器，则其款识中古字神气敦朴，可以助人，又可知古字象形、指事、会意等未变之笔，皆有妙处，于《说文》始知有味矣。"这是很值得我们认真体会的。

（二）今文字与书法艺术

今文字有篆书、隶书、草书、行书、楷书五类，在书法上常称为篆、隶、草、行、楷五大书体。

1. 篆书

根据文献记载，秦始皇以前，汉字字体并没有专门的名称，直至秦始皇统一文字，才有了"篆"、"隶"之别。东汉许慎《说文解字·叙》："秦始皇帝初兼天下，丞相李斯乃奏同之，罢其不与秦文合者。斯作《仓颉篇》，中车府令赵高作《爰历篇》，太史令胡毋敬作《博学篇》，皆取史籀大篆，或颇省改，所谓小篆者也。是时秦烧灭经书，涤除旧典，大发吏卒，兴戍役，官狱职务繁，初有隶书，以趣约易，而古文由此绝矣。自尔秦书有八体：一曰大篆，二曰小篆，三曰刻符，四曰虫书，五曰摹印，六曰署书，七曰殳书，八曰隶书。"

从这段文字记载来看，小篆似乎是由李斯等少数人直接从大篆省改出来的一种字体。从出土的秦国文物来看，小篆是以春秋战国时期秦国文字为基础，吸收各国文字的优点整理而成的。古文字中有些字比较繁复，书写不便，不符合社会发展对文字的要求，所以从很早就开始简化，而简化的速度到战国时期明显加快，李斯等人所做的工作主要是把社会上已经通行的小篆字体加以搜集整理，把它作为标准字体，向全社会推广。

（1）小篆的基本特征。

省简化。小篆对秦国文字的省简主要体现在省略偏旁和简化笔画上。如下图所示，小篆中“秦”、“袭”、“秋”、“雷”的写法与籀文相比，省去了一些繁复的偏旁。

字体	字例			
	秦	袭	秋	雷
小篆				
籀文				

定型化。先秦文字或正或反，或左或右，结构比较灵活，至小篆才把每个字的写法和上下左右的位置固定下来，成为整齐划一的字体。

首先，偏旁形体的定型。先秦偏旁写法不一的现象至小篆宣告结束，各偏旁基本上确定了一种写法。例如“心”旁（如下图所示），之前的各种异体得到了统一。

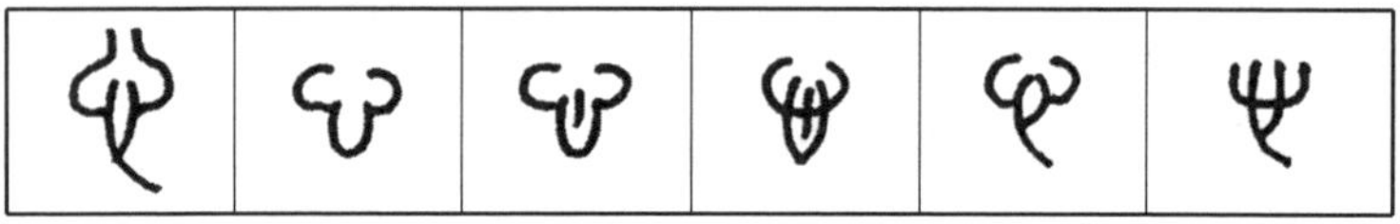

其次，偏旁构成的定型。春秋战国时期“文字异形”现象极为突出，义近形符和音近声符随意的变换也很普遍。在小篆中，字的偏旁构成定型化，众多异体字得到统一。例如“造”字，在西周金文、春秋战国文字中有许多不同偏旁构成的异体（如下图所示），小篆中统一写作从辵、告声。

再次，偏旁位置的定型。小篆还使得偏旁的位置定型化。例如“宝”字，其偏旁构成有“宀”、“缶”、“贝”、“玉”四部分，

但位置变换很随意（如下图所示）。小篆对此作了统一，将确定为标准形体。

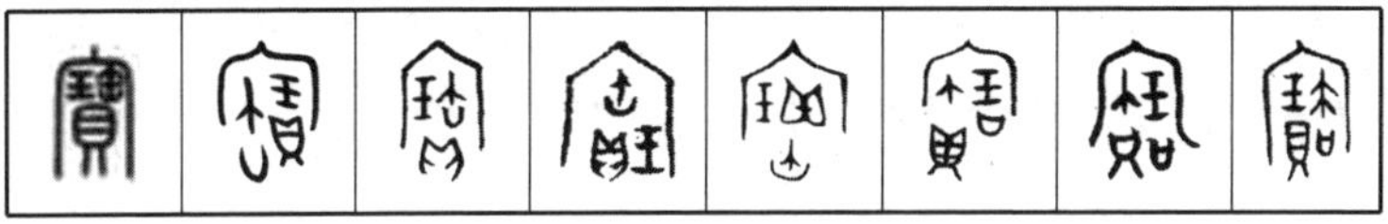

最后，笔画、笔顺的固定。随着汉字偏旁形体、构成、位置的固定，小篆的笔画数和笔顺也基本固定。

线条化。所谓线条化，就是把甲骨文、金文里的圆点、团块、尖笔和粗细不同的笔道改为粗细一致的线条。小篆将以前"随体诘诎"的象形符号完全线条化，许多象形字已看不出原来的图画意味。

字体	字例			
	马	臣	角	卩
小篆				
金文				

形声化。甲骨文、金文中，象形字所占比例较大，形声字所占比例较小。而在《说文解字》中，形声字的比例不断增加，超过百分之八十。例如，鸡和裘在甲骨文中均为象形字，后来“鸡”增加声符“奚”，演变为从鸟、奚声的形声字；“裘”增加声符“求”，演变为从衣、求声的形声字。

鸡

裘

（2）小篆书体的风格流变。

小篆作为书体演变历程中的第一个正体，除了在形态的规整匀称上确立了审美意义外，还以纯净简约的线条美感和纵势的字形笔画，对以后的书法风格产生了深刻的影响。凡用圆转的纵势笔画运动书写行草书，取得点画简约洁净效果的，人们往往目之为“篆籀气”。

秦 · 《泰山刻石》（局部拓本）

小篆书体的基本特征，在不同的体用下、不同的书家笔下、不同的时代文化环境中又有不同的风格，甚至其他书体的笔法也渗融进了小篆书体，构成了小篆书体的风格流变史。

秦篆有圆笔、方笔之别。圆笔以秦刻石为代表，为秦篆之正体；方笔以秦权量诏版为代表，为秦篆之俗体。在隶书起源之谜未得破解之前，人们局限于“篆圆隶方”的成见，误将方笔秦篆视为秦隶。圆笔秦篆之貌婉转圆润，内藏遒劲浑厚，结构章法整肃静穆，而笔姿流畅贯通，静中寓动；方笔秦篆以折笔、断笔之法，保留了一些波动的笔痕，且章法错落保留了早期金文的布局特色，字形大小随形而变，带有率意的动感。

秦 · 《秦始皇诏版》（局部拓本）

汉魏之际的篆书，是秦篆的强弩之末，除用于碑铭篆额和器物款识之外，独立的篆书较少。《袁安碑》、《袁敞碑》承圆笔秦篆；《新嘉量铭》承方笔秦篆；《祀三公山碑》、《吴封禅国山碑》寓隶法于圆笔秦篆之中；《天发神谶碑》尽以隶笔写篆。各种碑额篆书也都杂以隶法。隶书笔法掺入篆书体格，虽然丰富了篆书的艺术表现，但尚属不自觉的杂交，未达到和谐融化的成熟度，以致两晋南北朝几乎成了篆书的沉寂期。

唐篆因李阳冰而复苏。他追踪秦篆，自比李斯，以更圆转瘦劲的笔姿写小篆，画如铁线，自成体格，如《三坟记》等，影响颇广，但缺乏秦篆的浑厚宏肆之气。

汉·《天发神谶碑》
（局部拓本）

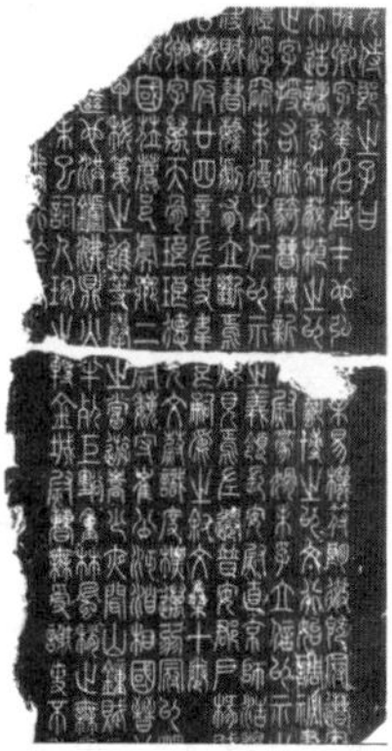

唐·李阳冰《三坟记》
（局部拓本）

宋代金石之学和元朝的复古书风，使篆书得以再起微澜。以篆书著称者不乏其人，徐铉、徐锴、李建中、郭忠恕、释梦英、郑文宝、党怀英、杨桓、张有、吾丘衍等人均受李阳冰影响。元代赵孟頫及其后继拟有直追秦篆《石鼓》之雄劲，但乏超越之力，终未成大器。

明代篆书承元代篆书之风，步趋持平，偶见浪花，以李东阳最知名，与秦李斯、唐李阳冰合称篆书“三李”。晚明赵宧光以草书笔法写篆书，号称“草篆”，标新立异，有反叛之气。此草篆有别于隶化前的草篆，是一种艺术的自觉意识之下的草篆。隶化前的草篆是功用的，赵宧光的草篆是审美的，其锋芒直露的笔画和流动贯畅的气息，已开清篆之先河。

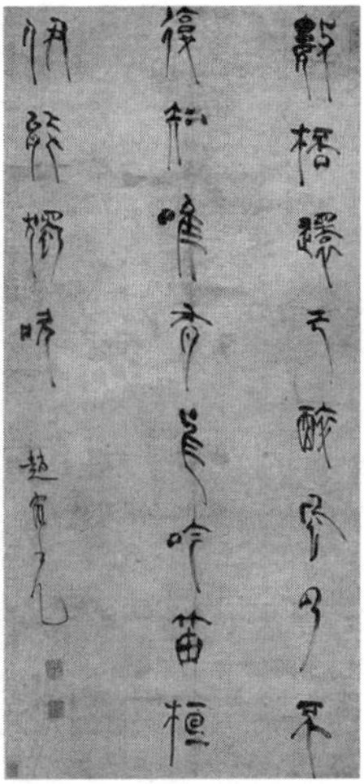

明·赵宧光（草篆）

清初学篆者对李阳冰的篆书心追手摹，又以复古的心态一味坚守“玉筋篆”——李斯书，难以藏锋施圆，剪去锋尖用秃笔，几成恶习。邓石如出，开一代篆书新风。他早期师法李阳冰，后遍临秦汉石刻碑铭，以融会汉隶宏肆的笔法写篆书，笔画起讫不避锋芒，合方圆之笔为一体，气势开张，令世人耳目一新。受其启发的有吴熙载、徐三庚和赵之谦。赵之谦似乎走得更远，他巧妙地融北朝碑版楷书笔法于篆体之中，从此唐篆习气涤除。另外，吴咨、杨沂孙、吴大澂、黄士陵诸家纳金文的笔情字势入篆书，又有别于邓石如。清篆书风百花斗艳，不是“复兴”，而是推唐超秦的大繁荣。

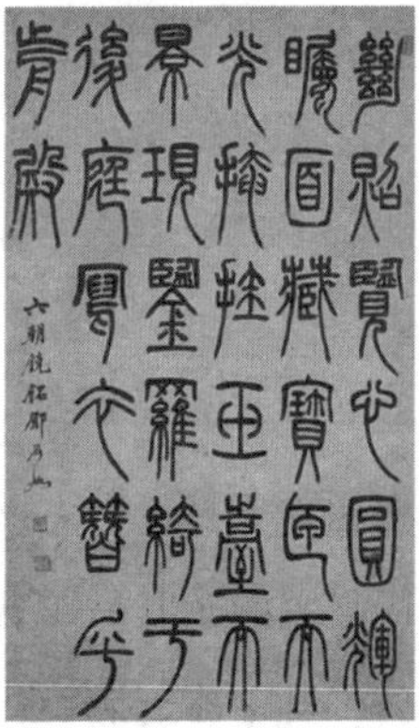

清·邓石如（篆书）

清 · 赵之谦（篆书）

清 · 杨沂孙（篆书）

篆书书体艺术的历史流变，以秦篆、唐篆、清篆为三个阶段，尤以清篆为篆书艺术创造的高峰期。这种滞后繁荣的篆书发展现象，在五大书体发展史中是很独特的。

篆、隶、草、行、楷五体，篆作为书体演变时序的第一环，其艺术高峰期却在近两千年后的清朝，远在隶、草、行、楷艺术高峰期之后，似乎是一种反逻辑的逆论。这其中的原因，一是清朝朴学、碑学的兴起，书者莫不究心于秦汉乃至两周时期的金石，其文化视野的广度和深度是宋代金石学和元朝复古书风所不可比拟的；二是隶、草、行、楷书法艺术在经历了此起彼伏的不同的高峰期后，已形成丰厚的艺术积淀，书者无不浸淫过这些丰富而又极为成熟、高超的艺术样式，以这样的艺术积淀和视野再去追求有别于今体书的古体书，无论审美情趣还是笔法技能，无不大为开拓。

（3）篆刻艺术。

随着汉字的历史沿革，篆书逐渐退出了实用领域，但在篆刻艺术领域里却逐渐占据主导，千百年来，熠熠生辉，光芒不减。

秦代文字的改革导致印章出现了划时代的变化。秦始皇称玺，臣民称印，还确立了专门的印章书体。东汉许慎《说文解字·叙》：“自尔秦书有八体：一曰大篆，二曰小篆，三曰刻符，四曰虫书，五曰摹印，六曰署书，七曰殳书，八曰隶书。”其中的“摹印”就是指专门为制作玺印而设立的书体。摹印篆在本质上是秦代小篆的一种变体。它的最主要特点是舍圆就方，取势方、正、直，以适应秦代统一的方形印式。

秦 · 公孙穀印

秦 · 法丘左尉

秦 · 焦得

汉代由于隶书的出现和通行，文字书写已大为简省，入印文字在隶书的影响下，字形工整，横画省去波磔，圆转为方，盘曲化直，形成了真正意义上的缪篆体式。缪篆的主要特征是：其一，它是汉代确定的用于制印的文字；其二，它是秦小篆的简化写法，因而更接近于作为篆体行草书的“古隶”；其三，它具有隶书方正、朴拙的特点，但又不同于隶书之有波磔，是介乎隶、篆之间的字体；其四，它是汉印古朴典雅之妙的根源。

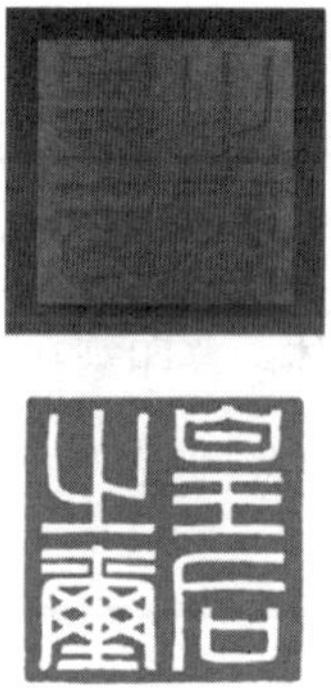

汉 · 皇后之玺

汉 · 假司马印

汉 · 桓启

汉印中官铸印的章法稳健从容，线条舒展且方中寓圆，给人以淳厚静穆、高古典雅、大气磅礴之感；私印则自由多变，典雅端庄，多姿多彩。这也使得汉印成为后世追摹的典范。

魏晋官印是汉代官印的延续，从印章的形制到印面用字、风格特征等，都与汉印基本相同，所以后人把它归入汉印之列。魏晋印虽在主流上仍有汉印的遗风，章法上仍保持了汉印的从容自然和线条劲挺，但在字法的严整及铸印的工艺上较汉印已有一定差别。此时的私印与汉私印区别不大。同时又出现了与汉白文印不同的阳文印和悬针篆印。汉体阳文是在白文汉印章法、字法的基础上出现的清丽淳厚的一路印风，为元朱文之起源。悬针篆白文印，是把篆字的竖画拉长，已完全脱离了汉印篆的字法式样。

从印章制作工艺来看，魏晋南北朝官印乃汉印体系的衰落，所以朱简《印经》说印章“滥于六朝”。但是，从印章审美艺术的角度来看，这一时期制作荒率的官印，却又别开一种新的审美类型。事实上，后世文人艺术家引为典范的“将军印”（或称“急就章”），其精品多出于这一时期。换言之，正是由于当时对官印实用性、制作简易性的强调，打破了以往官印制作刻意求工、专务平整的总体格局，而于草率之中流露出了不假修饰的真情奇趣。恣肆率意是魏晋时期印风的主流。正如清人傅山论书曰：“宁拙毋巧，宁丑毋媚，宁支离毋轻滑，宁直率毋安排。”

洛阳令印

祝遵印信

宁远将军章

安北将军章

进入唐宋以后，印面大小、篆文叠数成为区分官印等级的重要标志，因此入印文字便出现了“九叠篆”。邓散木《篆刻学》

说："唐官印皆以铜为之，其文承六朝之后，更作屈曲折叠之状，愈趋纤巧，印亦愈大，印文用九叠篆（又名上方大篆，传为程邈所作），自后以迄明清，无不承之。近人沙孟海曰：'九叠文不尽九叠。如勾当公事印用七叠（愚案：明历日印亦七叠，取日月五星七政义也）；承受差委吏印仅六叠；都统之印、万户之印，乃有十叠；又如行军都统之印等，则叠数不等。名曰九叠者，以九为数之终，言其多也。叠数多寡之故，大抵因印文多寡而为增损，或因时代不同，而所铸各殊，或如三代尚数，各有定仪，明九叠篆印，取乾元用九之义，八叠篆印，取唐台仪八印之义是也。'"尽管金元以后又恢复以印材质地乃至印章的重量区分等级的做法，但印面大小的等级标准一直被沿用下来。

元代官印，在汉文之外，采用一种元国篆文入印的形式，这种书体又称八思巴文。文职官员如国公、国师以及武官中的百户、千户、都指挥史等，多采用这种文体。

清代官印最大的特色是在一方印中同时兼用满、汉两种文字，即右半边作汉文篆书，左半边作满文楷书。乾隆十三年（1748 年）后，用满文九叠篆代替满文楷书，经过篆体化的满文，能同时与汉文篆书统一于一方印中，不能不说是一种高明的手法。

唐 · 东都留守之印

宋 · 宣抚处置使随军审记司印

元 · 易县尉印

元 · 太尉之印（八思巴文）

明 · 征北右营总兵房

清 · 大清受命之宝

清 · 讨罪安民之宝

唐宋文人私印堪称后世印章艺术的鼻祖。私印在用途和品种上有显著增加，出现了鉴藏印、斋馆印、词句印等。鉴藏印最早出现在书画作品上，这种印章还只是用于对书画作品的所有权进行说明。唐太宗性喜书画，他在宫廷书画藏品上钤盖“贞观”二字以为鉴藏，一时上行下效，朝野大行鉴藏之风。于是，专用的鉴藏印出现了。到了宋代，皇帝们更仿唐人而有“大观”、“政和”、“宣和”、“绍兴”等鉴藏印，臣下的鉴藏印则更多。

唐 · 贞观

宋 · 政和

宋 · 宣和

接着，斋馆印也出现了。“端居室”玉印被称为斋馆印之祖，它的主人是唐朝宰相李泌。这位盛唐宰相在印章从实用到艺术的转化过程中可谓功不可没。宋以后，这种斋馆印便在文人士大夫中盛行开来。

在鉴藏印、斋馆印兴起的同时，别号印、籍贯印、成语印也相继流行，为印章从实用转向艺术起到促进作用。但是，这时的印章制作，像前代一样，都是由专门的印工来完成的，而更具艺术特质的文人们还没有尽情驰骋于这方寸之间。

端居室
（唐・李泌）

松雪斋
（元・赵孟頫）

水晶宫道人
（元・赵孟頫）

布衣道士
（元・吾丘衍）

古代印章发展为篆刻艺术，当以元代大德年间（1297—1307年）为历史转折时期，赵孟頫和吾丘衍是篆刻艺术理论的奠基人。

宋以后，随着金石学的发展，刻印艺术为士大夫所高度重视，书画和印章密切结合起来，出现了集自写自刻于一身的文人篆家。对此，赵孟頫倡导最力。他对古印进行了谱录，编成《印史》一书，收录了汉魏印三百四十方。就当时的历史条件来看，该书不失为一部很好的集古印资料。以前治印，多由史官文人篆写书体，另由专业刻工刻铸，书和刻是脱离的，一方印章要由文人和专业工人合作才能完成。自赵孟頫开始，自书自刻便成了篆刻的新风气，使篆刻获得了迅速发展与提高。赵孟頫的另一贡献在于以小篆书体入印。他的篆书优美而典雅，线条匀称婉转，趣味清逸。赵孟頫将“玉箸篆”的书风用到了篆刻之中，而缪篆、摹印篆、籀文等则退居次要地位。因此，赵孟頫的篆刻很快获得文人的追捧。另外，吾丘衍的《学古编 · 三十五举》可以说是我国第一个印学基础理论的启蒙纲领，它像一盏印学的明灯，照耀着篆刻艺术发展的道路。再之后，王冕找到了更适合篆刻的石材，即花乳石，为以后明清篆刻艺术的蓬勃发展提供了物质基础。

文彭之印（明 · 文彭）

经过一个漫长的时期，文人篆刻艺术终于等来了兴盛的契机。明代正德、嘉靖年间，文彭的出现对篆刻艺术起着继往开来的作用。文彭是文徵明的长子，家学渊源，诗文书画无一不精，在印学、古文字学方面都有深厚的造诣。他一改宋元明初那种芜杂靡弱的印风，以汉印规范印学，推广石质篆刻材料以便于文人创作，并广收门徒，培养后进，逐步在文人阶层中普及篆刻艺术。

文彭之后，文人篆刻队伍不断壮大，流派纷呈。明清时期重要的篆刻流派及代表人物可参看右图。

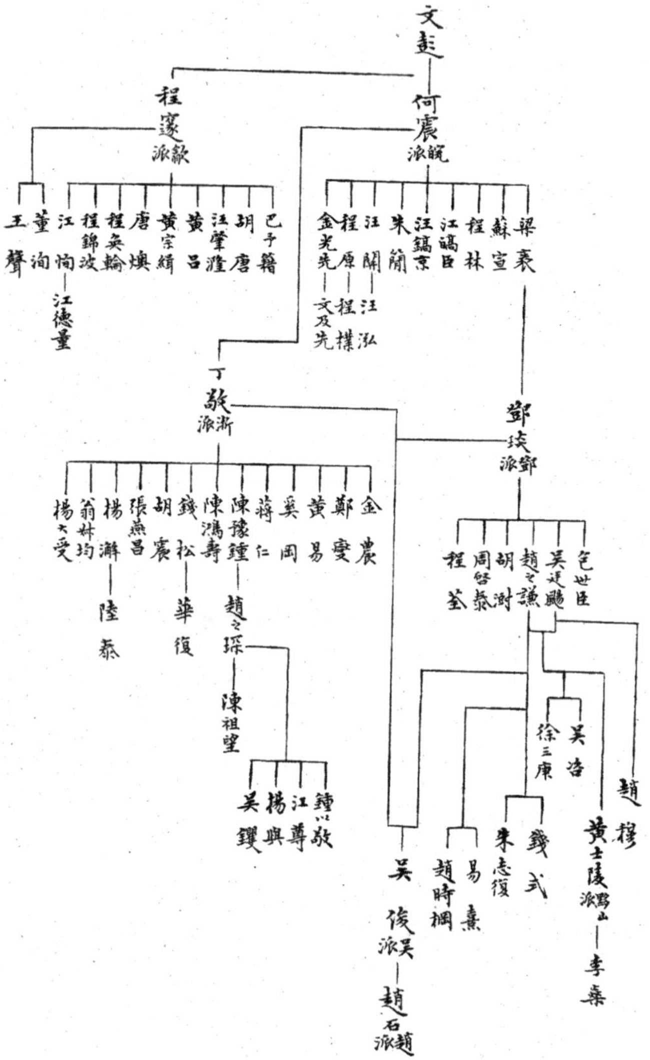

明清时期重要的篆刻流派及代表人物（图片选自邓散木《篆刻学》）

明代何震注重六书，以秦、汉印的古雅为主要风格，而以小篆入印，是徽派的开创者。汪关与朱简则再次用汉印的摹印篆入印，而程邃则首次将大篆应用于篆刻艺术。在文人印史上，古玺印开始具有显著的地位，无疑是从程邃开始的。

听鹂深处
（明 · 何震）

张维申印
（明 · 汪关）

陈继儒印
（明 · 朱简）

闲云野鹤
（明 · 程邃）

清代篆刻艺术在明代的基础上得到很大的发展，不仅在艺术形式上超越了前代，在艺术内涵上也更加深厚。浙派、徽派、云间派、邓派等，派别林立，百家争鸣。丁敬首创浙派，从入印篆书和刀法上进行改革。丁敬用切刀，尊汉印，无形中向摹印篆回归。浙派中，以丁敬、蒋仁、黄易、奚冈、陈豫钟、陈鸿寿、赵之琛、钱松为代表的“西泠八家”的成就最为突出。

丁敬身印
（清 · 丁敬）

蒋仁印
（清 · 蒋仁）

一笑百虑忘
（清 · 黄易）

奚冈之印
（清 · 奚冈）

文章有神安有道
（清·陈豫钟）

绕屋梅花三十树
（清·陈鸿寿）

读书观大意
（清·赵之琛）

集虚斋
（清·钱松）

邓派由清代邓石如开创。邓石如所处的时代是“金石学”很发达的乾嘉时期。对金石材料的借鉴和吸收，为篆刻艺术注入了新的活力，使得邓派在整个清代独树一帜，影响深远。

完白山人

我书意造本无法

（清·邓石如）

晚清赵之谦、黄牧甫、吴昌硕等人的出现，把篆刻艺术推向了高度成熟的阶段。民国时期，篆刻艺术秉承明清余音，但在前代大师的光芒之下，印坛期待着新的突破。作为一个划时代的篆刻大家，齐白石高举改革的大旗，开辟了篆刻艺术的新天地，使篆刻艺术走向了现代。

篆刻艺术的发展，除了自身的内部规律外，还与一些外部条件密切相连，如金石学的考证、古文字的新发现、与书画艺术的相互影响等。这些篆刻大家们，很多都集诗、书、画、印于一身，精通金石学、训诂学、古文字学。他们能够获得成功，除跟自身的个性气质有关外，广学博览也是重要原因。

赵之谦印
（清 · 赵之谦）

西泠印社中人
（清 · 吴昌硕）

齐白石
（近 · 齐白石）

篆刻虽然以篆书入印为主，但并不排斥其他书体形式入印。在历代篆刻作品中，楷书印、行书印、隶书印、草书印等都屡有所见。

当今，现代艺术思维及观念的开放性和资料传播的共享性，都是前人所无法企及的。人们视域广阔、思想解放，艺术标准的模糊性和对个体个性的强调，都为篆刻艺术的进一步发展创造了可能。但是，这种可能并不是毫无根据、任意为之的乱刻，作为篆刻艺术，其表现内容依然要遵循以下原则：其一，篆刻要以镌刻汉字为基础，要以古文字为主要表现载体，所镌古文字要合法度，考之有据、证之有因，切不可盲目造字；其二，要通过线的塑造、线条的组合以及朱白分割形式等，表现出具有意象美的内容。

篆刻艺术能够发展到今天，足以说明这门古老艺术的魅力。随着篆刻艺术的蓬勃发展，对古文字的学习考证之风也渐趋兴盛，这门古老的文字艺术必将在新的时代焕发新的光彩。

2. 隶书

隶书是承接篆书而起的字体，但关于隶书的起源历来有不少争论，故使隶书的面貌显得模糊不清。隶书对于篆书的改造可谓是大刀阔斧式的，从此汉字的形体距离“象形”越来越远，线条化、符号化逐渐增强，奠定了今天汉字的基本面貌。

（1）隶书的起源。

隶书之名最早见于东汉。班固《汉书·艺文志》：“（秦）始造隶书矣，起于官狱多事，苟趋省易，施之于徒隶也。”许慎《说文解字·叙》：“秦始皇初兼天下……大发吏卒，兴戍役，官狱职务繁，初有隶书，以趣约易，而古文由此绝矣。”长期以来，人们由此认为隶书起源于秦代，并试图在秦代文字中寻找秦隶的存在。又由于出土文献资料不足以及受“篆圆隶方”文化观念的局限，人们甚至误将秦代的权量诏版书视为秦隶的代表。

隶书起源之谜和秦隶真面貌的最终揭示，是在20世纪70年代中期之后。1975年在湖北发现一批云梦睡虎地秦简，根据简书内容，估计其时期应在战国末年至秦代初年这段时期，然而简书墨迹跟西汉早期隶书已毫无区别。凡是“水”字旁、“人”字旁都是隶书写法。1979年在四川青川县发现两块战国晚期的木牍，也是秦隶之书。1986年甘肃天水放马滩秦墓出土四百六十枚简书，《墓主记》和《日书》各一种，约书于公元前239年，也是隶化了的书体。这批简牍书告诉人们，早在秦始皇降临人间之前，至少在秦国，汉字已经在明显隶化了，也就是说，篆书的小篆化与篆书的隶化基本上是同步发生的，从而打破了“大篆—小篆—隶书”这种单线书体演变发展序列的错误观念。

这同时也说明了西晋卫恒《四体书势 · 隶势》中的“隶书者，篆之捷也”之说并非虚语。1975年秋，湖北江陵凤凰山秦墓出土两枚玉印，均是白文“冷贤”两字，一枚属正规小篆，一枚却用隶体，是秦昭襄王时期之物。

甲

乙

隶书是篆书捷书过程中逐渐形成的一种书体。所以，快速书写的文化需求是隶书产生的根本原因。而快速书写文化需求的社会背景必定寄寓以下几种因素：社会生活节奏在逐渐加快，文字使用量在逐渐增多，文字使用面在向社会下层扩散，文化信息传递交换日益增多，以及文化形态的多样化发展离不开文字媒介。而春秋战国时期，诸侯割据，战事纷沓，士族参政，百家争鸣，私学兴盛，文化下移……这一切均会使文字书写“无暇”，促使书写的文字向简约便易的形态发展。

（2）隶书的形成及特点。

隶书跟篆书相比，是一次伟大的革命，之后产生的草书、行书、楷书，均源于隶书。裘锡圭《文字学概要》把隶、草、行、楷统称为“隶楷阶段的汉字”。潘伯鹰在《中国书法简论》中说：“就中国文字和书法的发展看，隶书是一大变化阶段。甚至可以说，今日乃至将来一段时期全是隶书的时代也不为过。”原因很简单，凡能识读楷书，就能识读隶书。而篆书，需别具一种识读能力。

隶体的形成经历了漫长的时期，一般分为三个阶段。西汉中期以前使用的隶书称“秦隶”，以马王堆汉墓帛书为代表；西汉中期以后的隶书称为“汉隶”，字体横宽竖短，波势突出；东汉中后期出现的新体称“八分”，形体方正，笔画匀称，波挑工整，以《熹平石经》为代表。

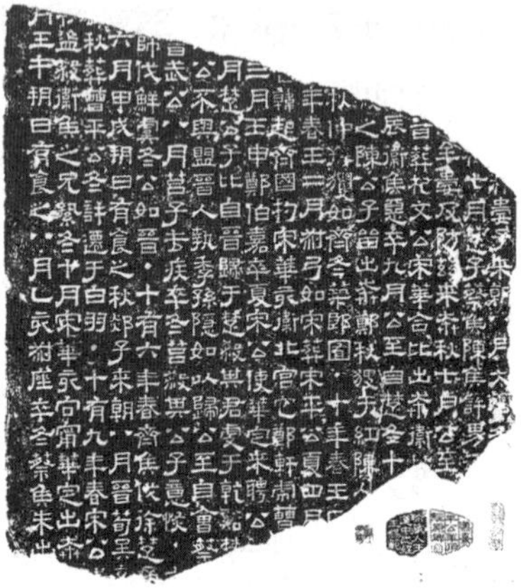

东汉 · 蔡邕《熹平石经》（局部拓本）

隶书（即成熟的汉隶）的特点主要体现在以下几个方面：

首先，变篆书圆转线条为方折笔画，变纵势为横势，字形趋于扁方；笔法上讲究左波右磔，形成蚕头雁尾之势。

汉隶	月	衣	止	犬	魚
小篆	月	衣	止	犬	魚

篆书的运笔趋向纵势，向下运转，最终形成正规的小篆体

格；而隶书的运笔趋向横势，向左右发笔，上下运动似乎受到一定制约，最终形成左掠右挑的八分笔法。隶书形体扁方，篆书形体长方，更主要的是笔势倾向不同所造成的视觉错觉。

其次，对一些繁复的字的笔画乃至部件加以省并、简化。例如：“雷”、“屈”两个字省略了某些部件，“书”、“承”、“胜”三字的偏旁也有所省并。

再次，部分偏旁因位置的不同而发生变形，分化为若干不同的形体。例如：篆书中的“火”字旁，无论处在什么位置，写法都是一致的，但在隶书中则随着位置的变化而有不同写法。

最后，偏旁的变形、省略与归并，使一些篆书形体不同的偏旁混而为一。例如：篆书中，“春、秦、奏、泰、奉”等字的写法本来有明显差别，但在隶书中，这些字的上半部分演变为完全相同的偏旁。

汉隶	春	秦	奏	泰	奉
小篆	春	秦	奏	泰	奉

另外，隶书比篆书更多地保留了毛笔书写的自然形态。毛笔的柔软性，决定了汉字笔画必定会带有粗细、方圆、藏锋、露锋等形态。篆书墨迹，如商周、春秋战国时期留下的玉石、陶片、简帛等书迹，虽然也有粗细、方圆等变化，但是这些自然形态的笔画丰富性在小篆化过程中，不是自觉地得到艺术的强化，而是自觉地趋向线条的单一性，正规小篆的笔画是高度纯化的等线条。这固然是小篆艺术性的典型表现，但却与快速书写的文化需求背道而驰。于是小篆体格得到凝固，隶化倾向日益明显。隶书从孕育到成熟的过程，就是不断把自然形态的笔画，即粗细、方圆、藏露等，推向自觉形态的过程；而且这些粗细、方圆、藏露的笔画是基本符合生理运动节奏的。这也就是之所以隶书书写比

篆书较快的原因之一。

（3）隶书的风格流变。

隶体跟其他书体一样有其自身的发展演变过程，从而表现为不同时期的隶体风格。不同时期的隶体风格，是不同时期文化审美倾向的表现，但各书体之间的相互影响也是推动这种风格演变的因素之一。

秦隶往往还带有部分篆体的结构形态，西汉早期石刻古隶又往往波挑不明，笔姿笨拙。汉隶有两大存在形态，一为石刻，一为简牍。石刻汉隶以东汉时期最为丰富，桓、灵二帝时代的诸多碑刻，笔精体密，各具风范，是以后历代书家取法的主要渊源，成为书风艺术流派的源头。简牍隶书，古代也有发现，但不易保存，大多数散佚或毁坏了，故未对当时的书家产生艺术影响。近现代出土了大量的汉代简牍隶书，公布后对书法创作产生了很大的影响，被书界称为“简牍体”。汉简隶书的八分笔法比石刻隶书上的出现得要早，甚至东汉碑刻的不同艺术风格都可以在汉简隶书中找到一脉相承的渊源关系。汉简隶书大多出于下层人士之手，东汉碑刻大多出于上层文人之手。所以汉隶书风的高度繁荣是整体社会文化发展，特别是士族文化渐升为社会文化的主体之后的产物。

汉隶精美的艺术特色，不仅是书写经验的艺术升华，也是时代审美倾向演变的折射。试看汉赋、汉帛画、汉漆器、汉画像、汉铜镜等，无不以精美的艺术特色令人惊叹。范文澜《中国通史》指出："东汉末年，经汉灵帝的提倡，文学和艺术在形式上开始发生了变革。"这就是原来寓巧于拙、寓美于朴的作风，开始变为拙朴渐消、巧美渐增的作风。而"碑碣云起"的社会文化背景，又使汉隶得到了可以充分表现的"舞台"。这一文化背景的内容包括厚葬风气和丧葬文化、佛道思想和神灵文化、独尊儒术和孔子崇拜等。因此，东汉的隶书有了千姿百态、异彩纷呈的局面。启功先生曾经将汉隶的风格归纳为：遒丽秀美、骏发疏放、茂密雄浑、古朴稚拙、端庄典雅、丰腴厚重、刚健劲拔、奇肆放纵、平正规整、高古超逸这十大类，但仍认为不能全面准确地概括汉隶的风貌（《汉字书法通解》），汉隶风格之奇异多变至此可见一斑。

东汉 ·《石门颂》（局部拓本）

东汉 ·《礼器碑》（局部拓本）

东汉 ·《曹全碑》（局部拓本）

东汉 ·《张迁碑》（局部拓本）

汉隶之后的隶书成就则远逊于两汉。魏晋南北朝时期的隶书

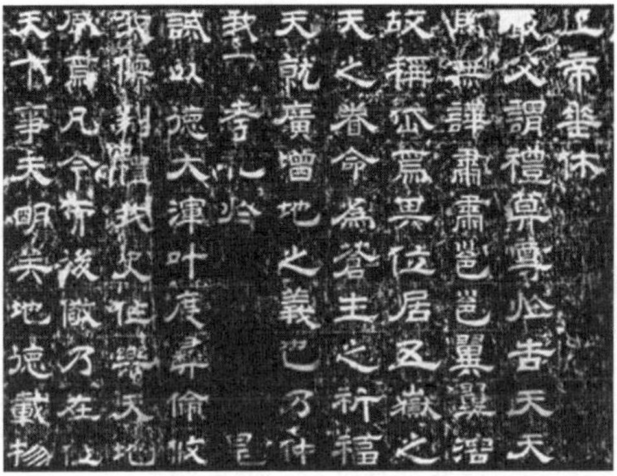

唐 · 李隆基《纪泰山铭》（局部）

大多杂以楷书笔法；唐朝隶书不乏李隆基、徐浩等书家，但难与汉隶匹敌；宋元明三朝的隶书也难振雄风。直至清朝，隶书才得以复兴，初有郑簠，继有金农、邓石如、伊秉绶，后有何绍基，师法汉隶，又不落窠臼，各有艺术个性和风貌。

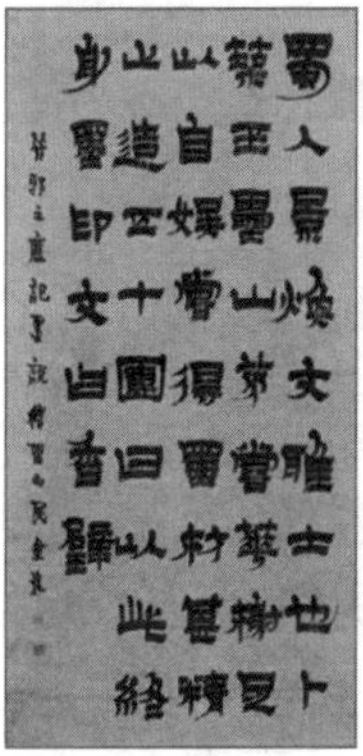

清 · 金农（隶书）

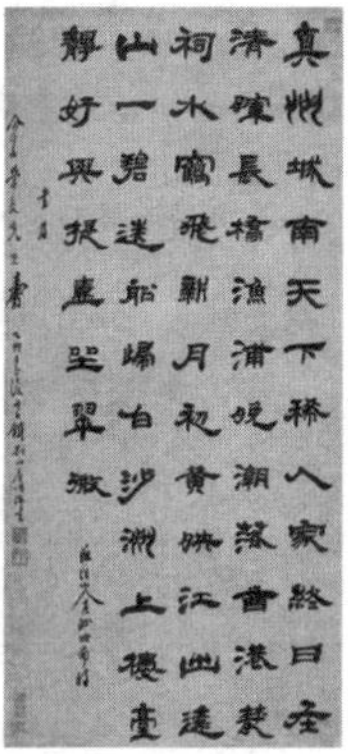

清 · 邓石如（隶书）

这样，隶体的历史进程便成了马鞍形发展，汉隶和清隶双峰并峙，但汉隶的高度艺术典型化似乎还未能被逾越。从整个书法发展史来说，汉隶确实标志着书法艺术的第一个高峰。

3. 草书

在隶书通行的时候，草书作为一种更加简便、利于快写的书体在汉代被普遍使用。许慎《说文解字 · 叙》说：“汉兴有草书。”赵壹《非草书》说：“草书之兴，起自秦末。”对照秦汉简牍墨迹，草书起于秦汉之际是可信的。居延汉简中的草书已经构成形态完备的草书笔画符号，并以成篇累牍的整体性，而非片字只简的偶然性呈现，说明草书已经过了一段较长的草化过程。

（1）草书的起源及其发展。

草，是相对“正”而言的。把字写得杂乱无章，随便潦草，犹如起草文稿书信，便被称为“草稿”。广义的草书，包括草篆、草隶、章草、今草等；狭义的草书，一般认为是“解散隶法，用以赴急”而形成的。其实，草书符号是篆书隶化和篆书草化交融的结果。

草书按时代和体势的不同，主要分为章草和今草两大类。

早期的草书是跟隶书的产生时间相平行的一种草写书体，往往夹杂着一些篆草的形体。

章草是早期草书和汉隶相融的草体，其称谓之由：一说西汉史游用此书体写《急就章》；二说汉章帝喜欢此书体，并允许杜操等人用此书体写奏章；三说南朝齐梁间盛行二王今草，把有别于今草的此草体称为章草。“章”即有章程法则之意，故章草比今草规矩。章草是经艺术加工后的草书，波挑鲜明，笔画勾连呈“波”形，字字独立，字形扁方，笔带横势。点画、偏旁、结构的简约法和连笔法，即草书符号化，已经出现约定俗成的倾向，为草法的最终形成奠定了基础。

章草在汉魏之际最为盛行，史游、杜度、崔瑗、张芝、张昶、韦诞、卫觊、皇象等各负书名，尤以张芝为极，得“草圣”之名，又传皇象《急就篇》为后人摹习章草的不二法门。至东晋盛行今草，章草衰落。

章草复兴于元，蜕变于明。赵孟頫、邓文原、俞和等都有《急就篇》章草临本传世，使近乎失传的章草书体再度为世人所重视。其后，宋克将章草笔法融于今草体势之中，独创一格，不但当时的沈度、沈灿、陈璧、张弼等书家受其影响，而且近现代书家沈曾植、王世镗、郑诵先、高二适、王蘧常等也无不受之启迪。

章草书体以一波三折为特点，其发展由汉魏经元明而至近现代，也可谓一波三折。此一波三折的发展脉络维系于《急就篇》，堪称奇特。

《急就篇》是西汉史游编著的字书，是否用章草书写，不得而知。但以后书家笔下的《急就篇》几乎全是章草，于是就有了“急就章”的称谓，其中尤以传为三国时期吴国皇象所写的《急就章》最为著名。北宋时叶梦得将它刻石于颍昌（河南许昌），明代又有人再刻石于松江。皇象本《急就章》便成为章草书体的最佳范本而得以广泛流传。裘锡圭说它“是我们现在所能看到的内容最丰富、最系统的一份章草资料”（《文字学概要》）。系统

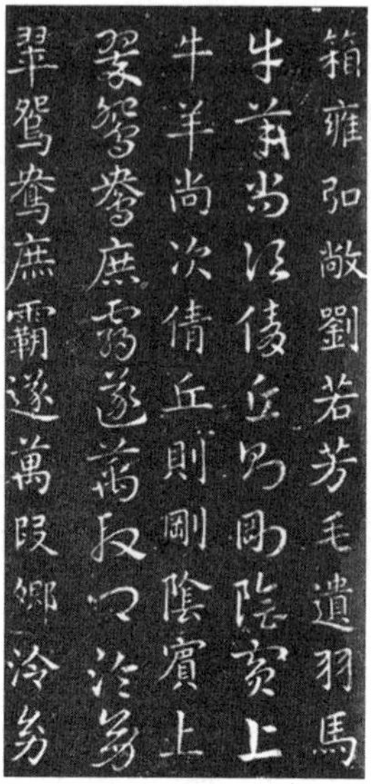

三国 · 皇象
《急就章》（传）

性意味着章草草法的稳定和确立，《急就篇》的流传起到传草法的作用。章草书家竞相摹习《急就篇》，不仅是为了得体，更是为了得草法。

今草草法的形成，大约在南北朝至隋唐之间，又跟草书《千字文》的流传紧密相关。草书在东汉盛行的文化现象，赵壹《非草书》作了生动的描述。二王开创的流美清新的新草体，更对草书的盛行起到促进作用，致使南北朝时草书泛滥，卒不可识。颜之推《颜氏家训》、刘勰《文心雕龙》对草书的混杂现象也有严厉的指责。在这种背景下，智永书真草《千字文》八百本，散予浙东诸寺，以纠时弊。智永以真草对照的方式，以世人最熟知的《千字文》来统一今草草法，达到“以纠时弊”的功效。《千字文》字字有别，绝无重复的单字，也能比较系统地概括汉字的所有偏旁部首和点画结构。

一般认为今草跟章草的区别是，章草字字独立，今草能勾连数字。但这仅是表象，事实上，章草笔法用“～”形，今草笔法用“S”形，才是最根本的区别。这方面，王世镗《论草书章今之故》有详细论述：“今喜牵连，章贵区别；今喜流畅，章贵顿挫；今喜放宕，章贵谨饬；今喜风标，章贵严重；今喜难作，章

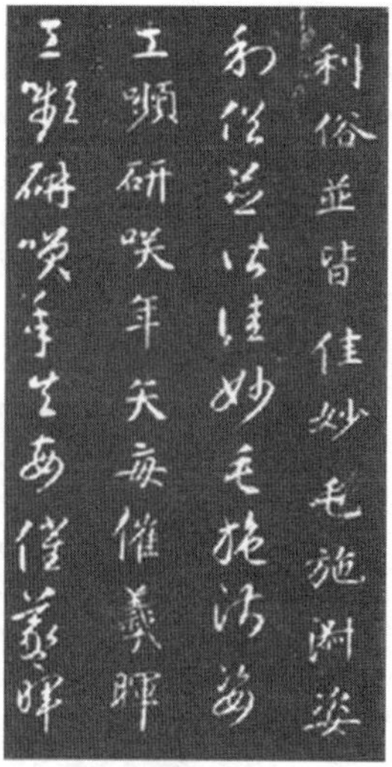

隋 · 智永真草《千字文》

贵易识。今如风云雷雨，变化无穷，章如日月江河，循环一致；今喜天然，天然必出于工夫，章贵工夫，工夫必不失天然。……今适于大，章适于小；今险而章逸，今奇而章偶……”

今草又分两种体格。字字独立，或上下字勾连不多的，叫“小草”；上下字勾连多，且运笔放纵、点画狼藉的，叫“大草”、“狂草”。纵观历代名家狂草佳作，大都是运用结体取势、布局谋篇以及用笔用墨的各种技巧，调动各种书体中一切可供利用的因素，竭尽诸法变化之能事，穷极万象之宏观。唐代张旭的《肚疼帖》、怀素的《自叙帖》即狂草的典型代表。

唐 · 张旭《肚疼帖》（局部拓本）

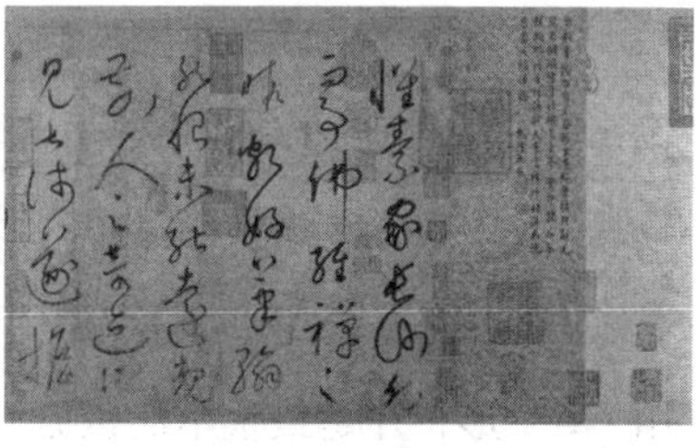

唐 · 怀素《自叙帖》（局部）

今草书体，自魏晋以后一直盛行不衰，书家辈出。小草体格随时代风尚而波澜变化，二王风格时时像影子一样紧贴着小草体格的时代变化。大草体格，张旭、怀素达到极致，其后黄庭坚、赵佶、鲜于枢、祝允明、徐渭、傅山等各尽其能，颇为壮观。

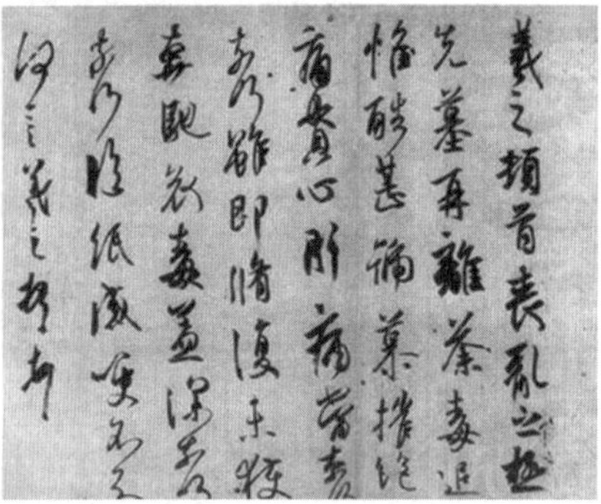

晋·王羲之《丧乱帖》

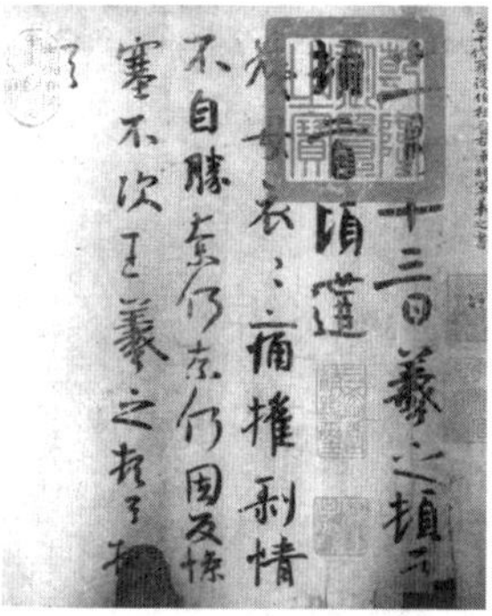

晋·王羲之《姨母帖》

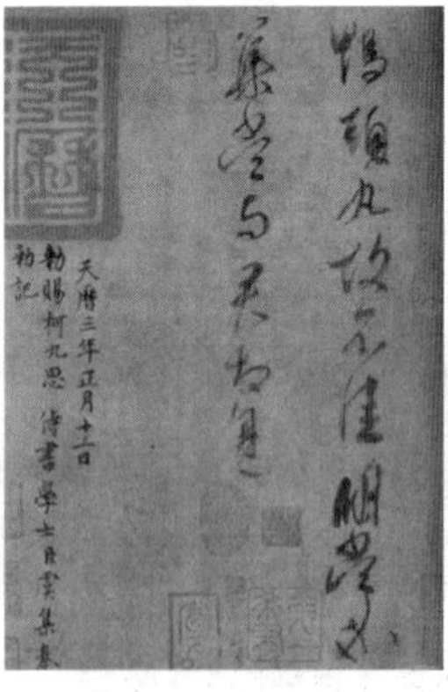

晋·王献之《鸭头丸帖》

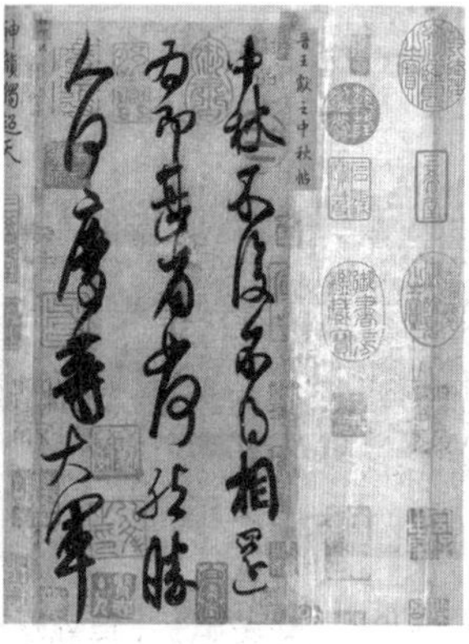

晋·王献之《中秋帖》

（2）草书的特点。

以下所述草书的特点主要是以今草与楷书相比较而言的：

其一，改换点、画用笔。为了达到快速书写的目的，草书常常用点来代替其他笔画。例如：門（门）、不、下、鄉（乡）等字，在草书中用点替代了横、竖、撇、捺、折等诸多笔画。

门　不　下　乡

其二，变省构件。在草书中，常用点画少的简单构件来代替点画多的复杂构件，以达到求速的效果。例如，用“”来代替“言”，用“”来代替“門（门）”，所以就有了以下“語（语）”、“誰（谁）”、“閱（阅）”、“闡（阐）”的写法。

语　谁　阅　阐

其三，偏旁、结构混同。在草书中，常常有不同字中的不同构件在一定条件下共用一个构件形体的现象，即若干构件在一定条件下同化。例如，“亻”、“彳”、“氵”、“言”在草书中各自有几种写法，但其中有一种写法“ㄥ”是彼此相同的。在草书中，“3”的混同使用也十分普遍。

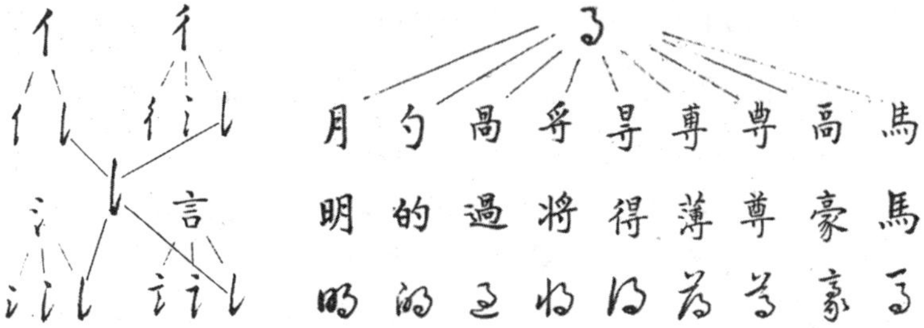

构件混同现象在草书中十分常见，这样不仅能化繁为简，减少笔画，也能减少构件数量和构型层次。不过，该做法也在一定程度上造成了文字使用的混乱和识别的困难，使草书的实用性大大减弱。

其四，同字不同形、同形不同字。同字不同形即同一个字有两种或两种以上的写法。同字不同形现象在草书中比较多见，主要是由于草书构件形体多变而造成的。同形不同字即异字同形现象。在隶书、楷书中原本绝不形同的两个字甚至几个字，在草书里形体可能变得十分相像甚至完全相同。

故、书、为

别、列，彼、波，慰、赋，对、刘

南宋 · 吴说（游丝书）

其五，使转用笔。使转用笔是草书用笔的最大特点，也是草书区别于其他书体的本质特点。所谓“使转”，就是指笔画的牵连环绕，包括草书在省变楷书复杂构件、笔画的过程中所使用的屈曲环绕的特殊笔道，也包括点画与点画之间、构件与构件之间相互连缀的游丝。试看宋代吴说的“游丝书”，每个字都由使转构成，而使转的笔道又几乎全是等粗等细的线条，将一切点画隐藏于其中。

4. 行书

行书之称始于西晋卫恒《四体书势》，但归属在“隶势”述之。卫恒说："魏初，有钟、胡二家为行书法，俱学之于刘德昇，而钟氏小异，然亦各有其巧，今盛行于世。"羊欣在《采古来能书人名》中说胡昭行书肥、钟繇行书瘦时，对行书作了阐释："行狎书，相闻者也。"这说明行书和草书一样，大多用于尺牍而流行。对行书的特点，虞世南说："行书之体，略同于真。"（《笔髓论·释行》）张怀瓘说得较为详细："行书者，后汉颍川刘德昇所造也，即正书之小讹。务从简易，相间流行，故谓之行书。"（《书断》）"不真不草，是曰行书。"（《公体书论》）

（1）行书的形成和特点。

行书的形成不可能由一人来完成，就如隶书非是程邈一人所造一样，行书不可能是刘德昇独创的。行书的特点，既然是不真不草、务从简易，那么行书的形成，只有从早期草书中才能探得胎息。

凡是能识读隶、楷的人，都能识读行书，但能识读行书的未必就能识读草书。此即行书是正书的小讹说的缘由。张光宾却认为"毋宁说真书是行书的收敛而端肃的书体。是由汉末隶书具有楷法者，与节制草书写得较规矩的行书，脱去波磔代以提顿，转为真书"（《中华书法史》第一章），这是很正确的。行书用连笔，省笔法不用草化符号，保留了隶字的基本结构，通俗易识又有简易的特点。在早期草书中，书写者只要稍微放弃一点草化符号的写法，就完全可能变为行书体。行书夹杂在早期草书中，当然不能用后来的行草书去审视，其行笔多用横势，带有隶意，是行（章）草而不是行（今）草。早期行书也有行隶相融的一种，如东汉“永寿二年三月”和“二月”的两个陶瓮上的墨书，“熹平元年”和“二年”的两个陶瓮上的书迹，以及汉代的朱书砖。这种行书，连笔不多，大多隐于点画的顾盼之间，字法在隶楷之间，可说是早期的行隶而不是后来的行楷。裘锡圭《文字学概要》把这种书体称为新隶体，认为是在草书的影响下，由八分向楷书过渡的面貌。

东汉 · 永寿二年陶瓶

这种行书夹杂在隶楷体格之内的物证，还有1977年安徽亳县出土的曹氏墓砖刻字，三百七十四块东汉延熹七年（164年）至灵帝建宁三年（170年）的砖刻，百分之七十五带有行书连笔。所以，说东汉晚期之前就已有了行书是没有问题的。至魏晋之际的楼兰遗书上，楚楚可观、风流婉约的行书、行楷书、行草书已可与东晋二王书体相媲美了。

东汉 · 延熹七年纪雨砖

行书行体的最大特点是用连笔和省笔，却不用或少用草化符号，较多地保留正体字的可识性结构，从而达到既能简易快速书写，又能通俗易识的实用目的，便于文字信息的流通交换。所以，行书的“流行性”特点不仅表现在介于草体、正体之间的游移性上，更表现在它广泛的使用性上。至今，人们日常使用硬笔书写的笔迹，几乎全都是行书。所以，通俗易懂是行书的文化个性，雅俗共赏是行书的艺术个性，这两大个性是决定行书盛行不衰的关键。

（2）盛行不衰的行书。

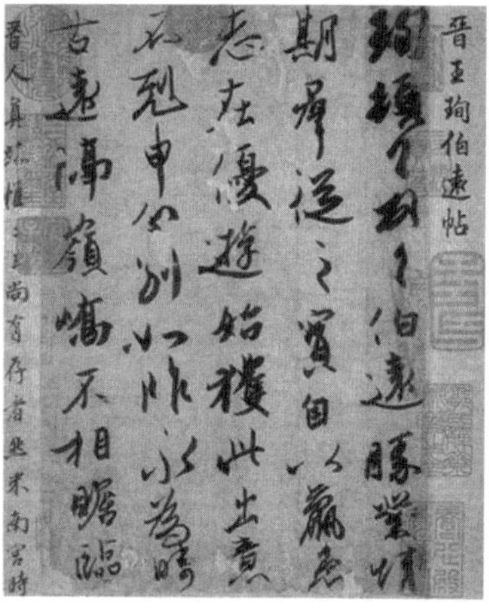

晋·王珣《伯远帖》

行书是今文字中最活跃的一种字体。在各种书体演变成熟后，各书体往往是独行其是地自我进行艺术发展，篆、隶、草、楷之间各受体法、字法的排斥，形成了相对封闭的格局。没有一位书家采用这种方法进行完整的书法艺术创作：在篆、隶、草、楷中合并二种以上的书体创作一幅作品。（像智永真草《千字文》等，用分行对照的体例作书，另当别论。）而行书却可以轻松地介入到别种书体中去，并消解书体之间的壁垒，如王珣的《伯远帖》。赵宧光用行笔写篆书，被视作草篆，其实是行篆。又如陆柬之的《文赋帖》，还有传颜真卿的《裴将军诗帖》。

正因为行书具有这种紧贴着其他书体的发展而相间流行的参与性、溶解性特点，所以孙过庭《书谱》说：“趋变适时，行书为要。”

篆、隶、草、楷四体，在书体演变成熟后，都不同程度地存在着时起时落的命运，有的甚至一蹶不振。唯行书独秀角出，一路风行，兴盛不衰。不同时代有不同的行书风貌，不同书家有不同的行书个性特色。可以说，魏晋以来，没有一个书家是不兼善行书的。概括地说，行书大约经历了以下几个重要的发展演变阶段。

行书萌发于两汉，盛行于魏晋，至东晋产生了以二王为代表的具有高度艺术典范性的行书风格。此为第一阶段。二王的行书风格，是极具创造性的个性风格，又

晋·王献之《授衣帖》（局部拓本）

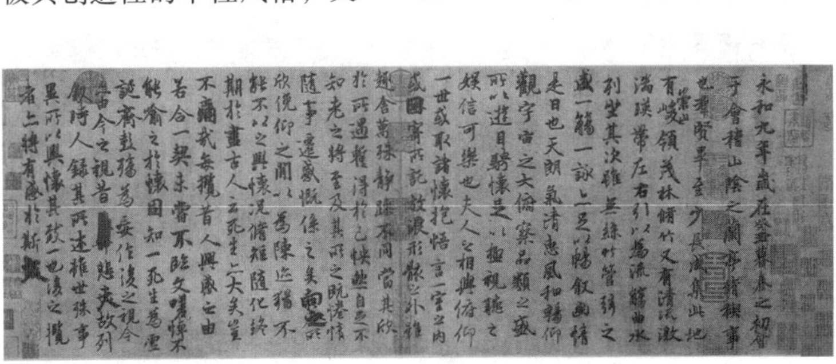

“天下第一行书”晋·王羲之《兰亭序》（神龙本）

与东晋社会审美倾向，特别是士大夫尚风神的特点丝丝相扣，极具艺术感染力，是行书体格的第一次质的飞跃。这次飞跃的基础是楷书和今草的日益完善，以及纸张的普遍使用。

南北朝至初唐，是笼罩在二王行书的推广风格艺术氛围之中的。前有羊欣、智永，后有欧阳询、虞世南、褚遂良、陆柬之，均承二王，各得其适。以至于张怀瓘在《书议》中说：“但闻二王，莫不心醉。”梁武帝、唐太宗参与评价了二王书风，也对二王行书的推广起到了推波助澜的作用，尤其是对大王的赞评，使大王行书风格定于一尊。此为第二阶段。如果说羊欣、智永、虞世南、陆柬之的行书继承有余、创造不足的话，那么欧阳询、褚遂良、李邕的行书就各具个性面貌了。尤其是李邕的行书，已脱出二王行书的窠臼，以宽博的体势别具风貌，世人用“右军如龙，北海如象”作比喻，可谓一语中的，预示着行书的第二次质的飞跃。

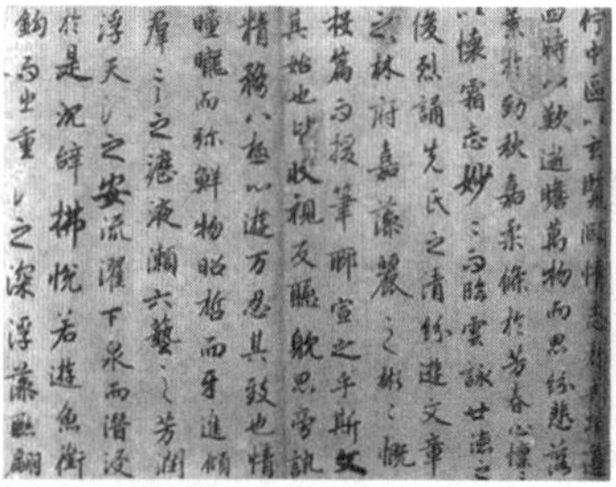

唐·陆柬之《文赋贴》（局部）　唐·王羲之《怀仁集圣教序》(局部拓本)

唐 · 李邕《麓山寺碑》（局部拓本）、《法华寺碑》（局部拓本）

唐朝中期至宋朝，是行书发展的第三个阶段。颜真卿行书在其独创的颜体楷书的影响下，又在张旭、怀素的狂草风格感染下，开一代行书新风，完成了行书发展的第二次飞跃。对照大王行书和颜体行书可以发现：大王行书用方势笔法，隶意十足；颜体行书用圆势笔法，带篆籀气。颜真卿曾自述：“自南朝以来，上祖多以草隶篆籀为当代所称及，至小子斯道大丧。”此语可作审视颜体行书的导语。米芾独赏颜真卿《争座位帖》，就是认为此帖有篆籀气。兹后，柳公权、杨凝式、苏轼、黄庭坚、米芾、蔡襄、赵孟頫等，无不受颜体行书的影响。天下三大行书杰作，《兰亭序》为第一，《祭侄稿》为第二，《寒食帖》为第三，此中两帖为行书第三发展阶段所有。对东晋行书的第一次飞跃和此第二次飞跃，后人用“尚韵”、“尚意”揭示出各自的特色。

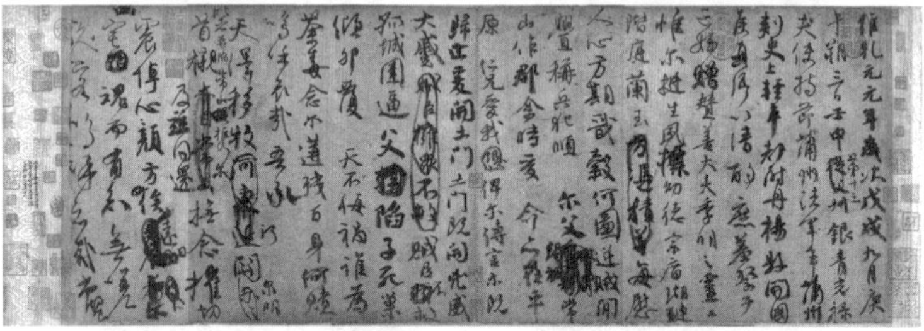

“天下第二行书”唐·颜真卿《祭侄稿》

“天下第三行书”宋·苏轼《寒食帖》

元代至明朝中期是行书发展的第四个阶段，这个阶段的特点类似于南北朝至初唐的第二个阶段。无论是赵孟頫、鲜于枢、康里巎巎，还是祝允明、文徵明、董其昌，都或在“尚韵”行书或在“尚意”行书中求得一席之地，受到王羲之、颜真卿行书风格的影响。即使是不合群的杨维桢的行书，也可从五代杨凝式的行书中察知其渊源。

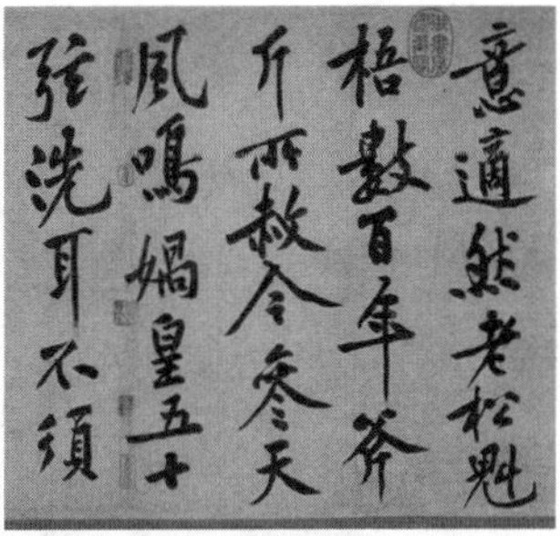

宋·黄庭坚《自书松风阁诗卷》（局部）

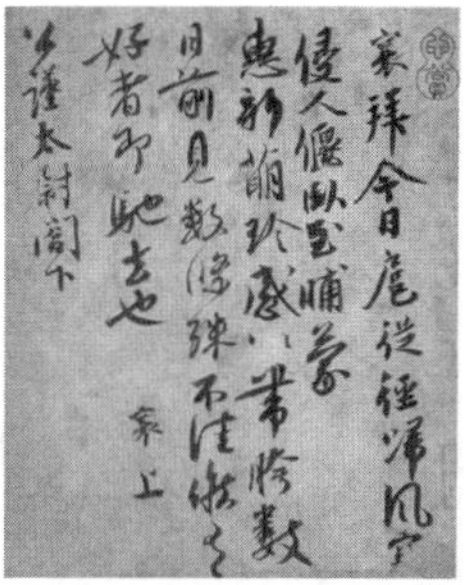

宋·蔡京《扈从帖》（局部）

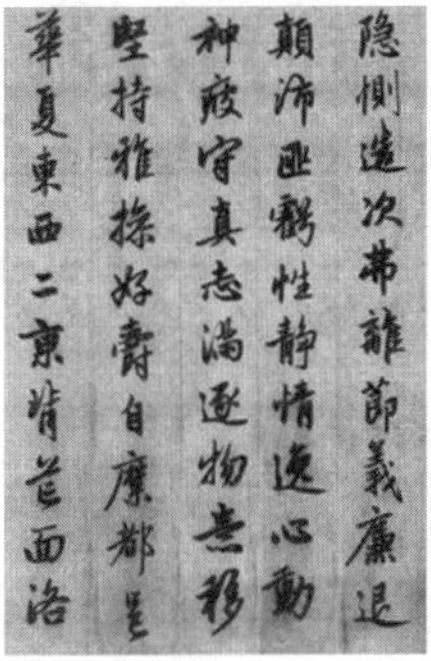

元·赵孟頫《千字文》（局部）

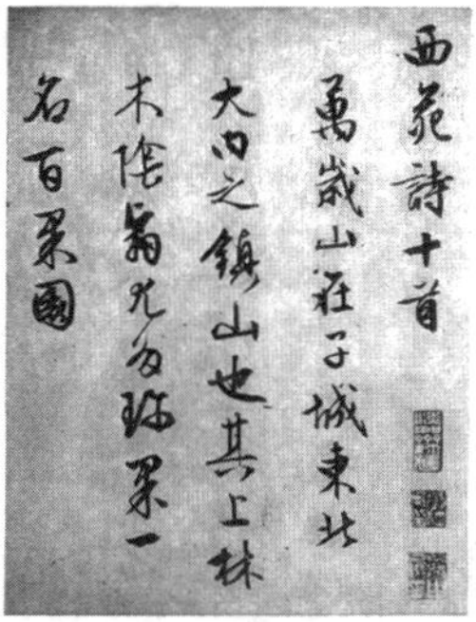

明·文徵明《西苑诗卷》（局部）

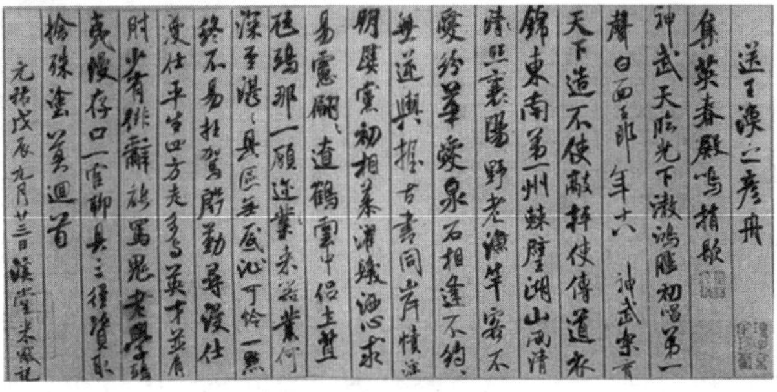

宋·米芾《蜀素帖》

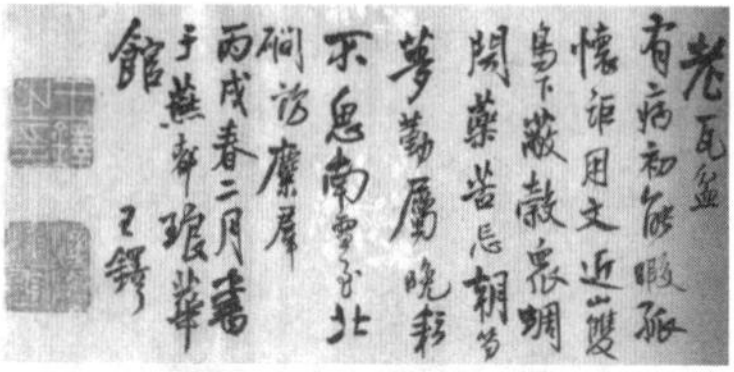

明·王铎《投语谷上人诗卷》

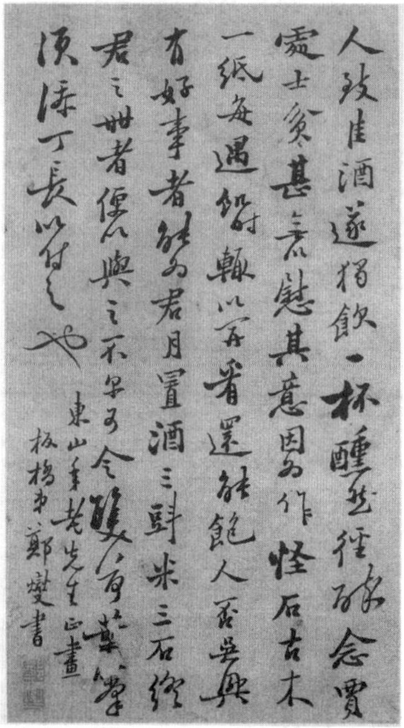

清·郑板桥·题画诗

明代晚期至清朝是行书发展的第五个阶段。这是行书发展达到第三次质的飞跃的阶段，其标志有二：一是出现群体倾向的明显带有浪漫奇逸风格的行草书家，如徐渭、张瑞图、黄道周、王铎、傅山、郑板桥等。尽管他们的政治生涯在明清之际各有选择，他们的书法创作也各具个性面貌，但一个共同的倾向似乎隐匿在他们的作品之中，即纵笔放任、不拘点画，以狂飙式的笔势构成视觉形象。有的评其为“尚势”书风，有的评其为个性解放思潮下的产物，有的评其为市民文化，总之是难以用以往的行书风格来观照的。二是碑学思潮下出现用北碑笔法写行书的风格，如金农、张裕钊、赵之谦、杨守敬、康有为、吴大澂、沈曾植、于右任等。他们的行书凝重拙朴，厚劲稳实，富有金石气，别开生面。

如果说徐渭、张瑞图等人的“尚势”书风，或多或少还受到传统文人的一些影响的话，那么金农、赵之谦等人的北碑行书，则是用文人的艺术思维重新创造了源于民间的碑书体格，为行书的创新发展提供了可贵的借鉴。

行书发展的五个阶段有三次飞跃，虽有波浪起伏，但未出现衰极至谷底的现象，而是层层推进，时时趋变，书家辈出，作品纷繁，是整个书法史上最为壮观的。

5. 楷书

楷书文化之谜在中华文化的生成发展中，最有代表性。

（1）楷书文化之谜。

楷书文化之谜表现在两个方面：一是楷书称谓与正书、真书、隶书、八分书、章程书等概念，历来混杂不明，学界至今还见仁见智，纷争不已；二是楷书起源于何时，在诸书体演变进程中究竟起到了怎样的作用，亦尚无定论。

沙孟海《书法史上的若干问题》，第一个问题就是“真书起源问题”，认为它“是文字学界与书法界所共同注意的问题”。他根据《谷朗碑》（272 年）、《永寿二年陶瓮墨书》（156 年）等，认为“真书起源在三国时代，应该没有多大问题”（《沙孟海论书丛稿》）。郭沫若在 1965 年的“兰亭论辩”中，不同意近人缪荃孙“正书始于齐梁之间”说和杨守敬“楷法之兴，其在魏晋之间”说，认为“严格地说，楷书始于隋唐”（《郭沫若全集 · 历史编》第三卷，《〈兰亭序〉并非铁案》)。胡小石根据《流沙坠简·屯戍丛残》中的“始建国四年简”(12 年)、“建武二十六年简”(50 年)认为，“八分又渐变而为真书。真书也带波挑也。新莽及东汉初，已有此体”(《书艺略论》)。如此观照楷书起源，上始于两汉之间，下至于隋唐，其在近六百年的时间流转中摆动而难以定位。

问题的症结在于对楷书特性的认识，特别是在跟隶书的区别上。按理说，自商周甲骨文、金文以下，各时代的汉字书刻文物已贯穿成线，不存有缺环空白现象，理应找到一种辨认的方法和标准，把楷书的起源描述清楚。但多数学者却把有无波挑作为区别楷、隶的标准，这便陷入了验证视角的误区。正如胡小石所说，“真书也带波挑”。

钩画，特别是竖钩笔画，是楷书区别于隶书最恰当的标准。隶书无钩画。带钩笔画首先出现在广义的草书（也包括行书）之中，这是在书写求快速的文化心态之下所产生的，最早可从殷周陶片墨书中窥见，是篆书草化现象。在书写求简易的文化心态之下，又产生了篆书隶化现象。此求速、求简两种实用文化需求，合二为一，便产生了草隶。在求速、求简这两种文化因素催动书体演变发展的同时，还有能辨识以利通行交流的文化制约因素和能美化以利赏心悦目的艺术升华作用。这四种文化因素纠结在一起，互为矛盾，互为推进，构成书体演变和艺术化发展的原推动合力。草隶是隶书、草书、行书、楷书共同的母体。

最先从草隶母体中分离出来的是隶书、草书。前者为能辨识而规范化，再进而成为极美的东汉隶书；后者雅化为章草、今草。最后从草隶中分离出来的是楷书，其楷化成形的分离进程比隶书、草书的成形过程要缓慢得多，所以隶书、草书也对楷书的成形起到了不少浸融作用。行书本已夹杂在早期草书之中，楷书的逐渐成形也加速了草、行书体的分离。广义的草体书（包括草篆、草隶）起于秦汉之际，是学界共识，楷化笔画的主要特征——钩画，孕育期间也是很自然的。秦砖刻残字“珍”已有楷化的痕迹。只因这种楷化过程缓慢而不显，大量显现的是隶书、草书，致使楷书起源不彰。但楷书成形于诸书体之末，是事实。郭沫若《古代文字之辩证的发展》一文和台湾学者张光宾《中华书法史》一书，均把楷书置于书体复式演变过程中的最后一环，确为明识。

楷书又称正书、真书，此自唐朝之后渐为约定。正、真通假，标明该书体方正端齐，有别于长纵形的小篆书和横扁形的隶书，是为正体，可作楷式。如从“正”的“直而不曲”之意解释，该书用笔比小篆和汉隶要直得多。但唐朝之前，此书体常与隶不分，通称隶书。唐张怀瓘《书断》凡举楷书家都在隶书名下。后人为此而冠以今隶之称，以区别于汉隶。古人也曾将其他书体叫作楷书的，但用的是“楷”的范式之意，并非指书体特征，楷书通行后，此种乱称其他书体为楷书的现象也就渐消了。

以八分称楷书，是由“八分楷法”一语而来。但“八分楷法”究竟指何种书体？或说为隶，或说为楷，或说是非隶非楷的另一种书体，历代纷争之述，均陷入死抠字眼、概念的误区。不同时代的人们对不同的书体，从不同的认识角度，包括从书体的使用角度出发，用不同的名称称呼同一种书体，或不同的书体名称同一等现象，是书体演变过程中的必然现象，自宋以后就再也没有新的书体概念可作争论的。古人以“八分”分别称呼楷书、隶书，就如世上的人们有同名同姓现象一样。但也必须说明，八分与隶书相通，已被大多数人所接受，如果要强解八分是指楷书，那必得附以“楷书”两字，切不可单称“八分”，以免歧义。

楷书又称章程书，这是根据钟繇善铭石书、章程书、行押书三体而来的。古人称书体，常无定名，犹如古人姓名字号、别称、爵号等，称谓虽多如牛毛，其实均指同一人。唐兰说：“章程两字的合音，是正字（平声），后世把章程书读快了，就变成正书，又变成真书。”① 此说颇有新意。

（2）楷书的勃兴至式微。

楷书发展可分四个时期。自秦汉之际产生楷化笔画至三国楷书成型，以钟繇楷书《宣示表》为代表，是楷书的生发时期。

按汉字书写运动的特质，楷书本不会有如此漫长的生发期。但两汉隶书的充分繁荣及其呈现的社会文化背景，无形中抑制了楷书的成型和勃兴，楷书潜在的特质未能及时被人们认识，致使其成了滞后成型的一种书体。比较分析钟繇、王羲之楷书的不同

① 唐兰：《中国文字学》，上海：上海古籍出版社1979年版。

艺术特性，可进一步说明这个问题。

两晋南北朝是楷书发展的勃兴时期，王羲之楷书为其代表之一。王羲之楷书将成形期的钟繇楷书转为成熟，楷书特性得到完善。兹后只有楷书艺术风格之变，不再有楷书特性之变。钟、王楷书之变，许多论述仅从一般艺术风格上着眼，殊不知其中包含着楷书特性的完善之变。胡小石《书艺略论》说：“书家以钟、王并称，吾辈不当求其同，而当求其异。”“钟书尚翻，真书亦带分势，其用笔尚外拓，故有飞鸟骞腾之姿，所谓钟家隼尾波也。”“王出于钟，而易翻为曲，减去分势。其用笔尚内擫，不折而用转，所谓右军‘一搨直下’之法。”王羲之楷书易钟繇翻笔为曲笔，固然导致了他们之间风格的不同，但另一层更为重要的意义，尚未挑明。侯镜昶《书学论集 · 先秦书艺略论》说：“行文的行式，甲骨、钟鼎中不固定，左右行不拘。自秦以后，一律从右至左，无不例外，这在中国书法史上也是一件大事。”行文书写款式跟书法发展到底结成何种具有特殊意义的关系，也尚未挑明。

三国 · 钟繇《宣示表》（局部拓本）

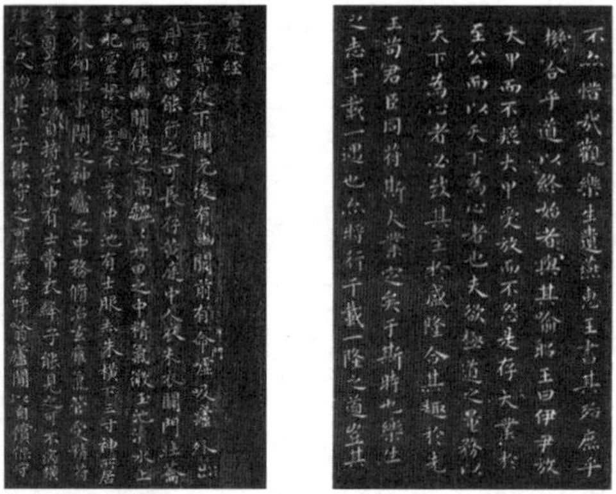

晋 · 王羲之《黄庭经》、《乐毅论》（局部拓本）

晋 · 王献之《洛神赋十三行》

单个汉字书写的运笔方向（笔顺）是自上而下、自左而右地组合成方块形的。也就是说，方块汉字的起笔都在左上角，收笔都在右下角，这是右手执笔书写和视觉运动的规定性。但古文行文的款式是自上而下的竖式，而不是现在通行的自左而右的横式。这样，上一个汉字的收笔在右下角，如用翻笔，即横挑出锋似隶书之波势，就与下一汉字起笔在左上角的需求产生了“背道而驰”的矛盾。故而王羲之易横为曲，把横出之笔锋改为回笔敛锋，向左下圆转，“顺道而驰”，向下一个汉字的左上角“送去”。这种回锋运笔，如果裹在原笔画之内，便成王羲之楷书式样；如果发锋，可与下个字的起笔相连、相顾盼，便成王羲之行、草式样。历代评价王羲之书法有“流便”的特点，流便在何处？在他的运笔把汉字书写笔顺的特点和汉文竖式书写的特点巧妙地统一了起来，同时使楷书的特性得到完善。

隶书运笔特性与汉文竖式运动特点不相协调，使隶书未能成为汉字书体演变的定格书体。王羲之以今草笔法中的纵势运动改造了钟繇的尚带横势的楷书，使楷书得以成熟。兹后，楷书、行书、草书三体的关系更为紧密。“楷如立、行如走、草如奔”，已为书家共识。唐孙过庭《书谱》：“图真不悟，习草将迷。”“草不兼真，殆于专谨；真不通草，殊非翰札。真以点画为形质，使转为情性；草以点画为情性，使转为形质。”

王羲之楷书为当时的书界树立了一种风格典范，被视为新体，南方士族共相习之，形成了一种秀丽典雅的楷书艺术潮流。此种新体楷书和艺术潮流也侵入北方的碑版书法之中，特别是一些墓志。

以魏碑楷书为代表的北朝书法的勃兴，是楷书勃兴期的第二个标志。其质朴雄强的艺术风格，与南方的秀丽典雅形成双峰对峙之势，后人常以“金石气”与“书卷气”相别视之。金开诚说：“以魏碑为代表的北朝碑书的主流是表现了属于‘壮美’范畴的美学特征，它和高度发展了‘秀丽’之美的南朝法帖分别成为当时书法领域中的两大艺术潮流，各自取得辉煌的成就，创造了巨大的艺术财富。它们也是我国书艺宝库中的两大支柱。”①

北魏·《张猛龙碑》（局部拓本）

北朝碑版楷书的大量涌现，及其“壮美”书风的形成，有着广泛的社会文化原因。金开诚的分析甚为详尽：一是佛教盛行，促使造像记和摩崖刻经大量存在；二是北方游牧民族入主中原，其性格气质、审美趣味融入汉风，尚武精神替代了尚文精神；三是北朝碑版大多出自民间书手和工匠之手，其书法师承与文人士族的书风有别，又刀笔相合，使书迹雄奇角出；四是北方自然景观的开阔壮伟的特点和豪爽质直、厚实淳朴的生活习性、社会风俗，作为潜在文化影响着人们的气质、文化行为和审美趋向。这就是北朝碑版楷书所蕴含的

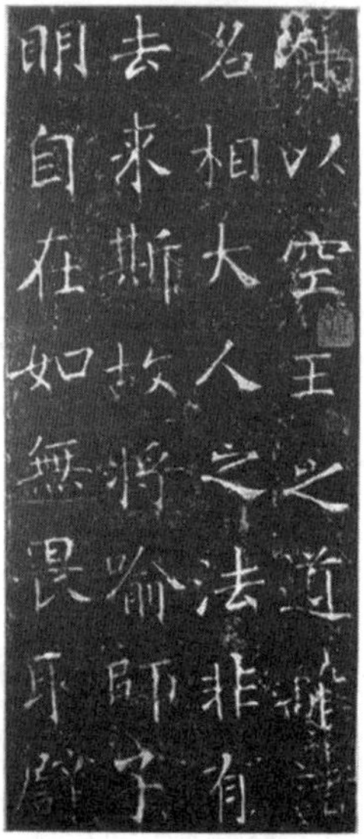

隋·《龙藏寺碑》

① 金开诚：《文艺心理学论稿》，北京：北京大学出版社 1982 年版，第 267 页。

丰富的文化品格。

楷书的鼎盛期在隋唐。隋唐楷书承前期的勃兴之势，将楷书艺术的发展推至鼎盛，书家辈出，风格多样，蔚为大观，以“唐楷”称之。隋朝楷书熔南北书风于一炉，初唐楷书承此风格之变，欧（阳询）、虞（世南）、褚（遂良）、薛（稷）各显其个性体貌，开宗立派；中唐颜真卿楷书以雄风创新；晚唐柳公权以“柳骨”相媲美于“颜筋”。凡此三变，形成隋唐楷书繁荣之势。

唐·欧阳询
《九成宫醴泉铭》

唐·虞世南
《孔子庙堂碑》

唐·褚遂良
《雁塔圣教序》

唐·薛稷
《信行禅师碑》

唐·颜真卿
《颜勤礼碑》

唐·柳公权
《玄秘塔碑》

隋朝一统，南北文化迅速交融，书风融合顺势而出，《龙藏寺碑》堪称第一，其文化品位、艺术起点之高，非同凡响。唐朝楷书家如群龙戏海，或承二王，或涉北碑，或参隶篆，各显其能，甚至民间书手，如经生、抄书手，其楷书风格也与文人楷书家的风格互通气息，互为影响。清人钱泳说得好：“即如经生书中，有近虞、褚者，有近颜、徐者，观其用笔用墨，迥非宋人所能企及，亦时代使然耳。”（《履园丛话 · 书学 · 唐人书》）

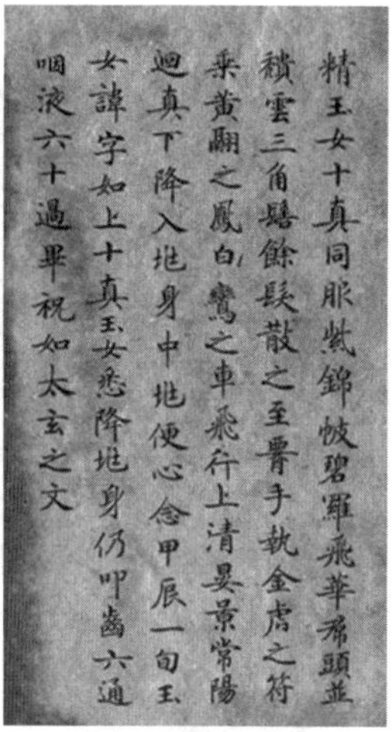

唐 · 钟绍京
《灵飞经》

唐楷是唐文化的标志之一，是唐文化繁荣的产物。科举制度以书学为取士的必要条件之一，读书人非善楷书不可。国家统一，社会安定，经济发展，文化随之而繁荣。著书立说、诗文传诵、读书学习等均有赖于楷书这一通行易识的书体，并由此产生抄书、刻书职业，书籍赖以流通。佛道兴盛，抄经也必以楷书为体，经生以此为业。楷书的实用价值在兴盛的社会文化中得到最广泛的展现。楷书内在的艺术特性及其以往的艺术积累，也在这深广厚实的实践中得到充分提高。楷书艺术风格更趋多样化，不仅大楷美不胜收，小楷也颇多精品，如钟绍京的《灵飞经》。

唐人对楷书的理论研究，也比前人丰富。以“永字八法”为代表的楷书笔法理论，以欧阳询“三十六法”为代表的楷书结构理论，对以后的楷书理论研究，甚至书学研究，都产生了深刻的影响。唐人尚法，不仅是指其书法创作这一层面，其实也概括了他们的书学，特别是楷书理论方面。

五代宋元明清从整体而言是楷书式微期，无论是书家个体还是时代群体，都未能突破晋唐楷书已有格局。不过，此虽式微阶段，亦不乏楷书能手。北宋皇帝宋徽宗赵佶独创的瘦金体书法，自成一家，堪称宋代书坛的一枝独秀。其笔法刚劲清瘦，结构疏朗俊逸，形如屈铁断金，匠心独运，是最具宋风、宋韵的艺术精品。瘦金体，亦称“瘦金书”或“瘦筋体”，也有“鹤体”的雅称，是楷书的一种。宋徽宗早年学薛稷、黄庭坚，参以褚遂良诸家，出以挺瘦秀润，融会贯通，变化二薛（薛稷、薛曜），形成自己的风格，号“瘦金体”。其特点是瘦直挺拔，横画收笔带钩，竖画收笔带点，撇如匕首，捺如切刀，竖钩细长；有些连笔字像游丝行空，已近行书。其用笔源于褚、薛，但较之写得更瘦劲；结体笔势取黄庭坚大字楷书，亦更显舒展劲挺。瘦金书的运笔飘忽快捷，笔迹瘦劲，至瘦而不失其肉，转折处可明显见到藏锋、露锋等运转提顿的痕迹，是一种风格相当独特的字体。此书体以

宋·赵佶《秾芳诗》

形象论，本应为“瘦筋体”，以“金”易“筋”，是对御书的尊重，读之也更雅致。

其后，楷书能手代不乏人，如宋之蔡襄，元之赵孟頫，明之文徵明、董其昌，清之何绍基、张裕钊等。影响元明清三朝的楷书家赵孟頫，他的楷书已略带行意，又未能脱晋唐楷书体貌，虽有重振楷书的意向，但终究孤掌难鸣；文徵明小楷精绝，但也只能追迹大王而已。在没有一种新的楷书风格产生并推动楷书艺术进一步繁荣发展的时候，恰恰产生了扼杀艺术个性的楷书馆阁体。兹后，碑学勃兴，反拨馆阁体流弊，这一艺术思潮从另一方面证明了楷书式微的基本趋势。

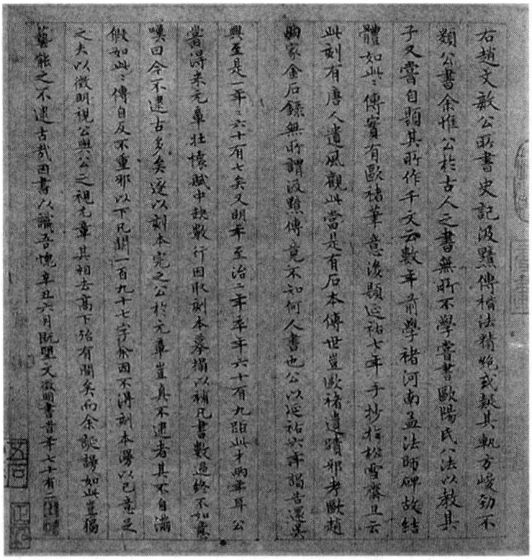

元·赵孟頫《汲黯传》

楷书式微的最主要的文化原因，是印刷文化的兴起。宋代发明的活字印刷，在得到普遍运用之后，楷书的广泛实用性便被大大削弱，楷书的艺术性发展也随之受到严重影响。实用书体代之为行书，审美性书体亦以行、草书为主。印刷文化产生以后，之所以未能如唐朝那样涌现众多的楷书大家，其原因就是印刷文化以楷书为印刷字体。这一文化选择，使书体演变最终定格在楷书上。唐楷体格，特别是欧体和颜体，是印刷书体的最初模式。

明 · 文徵明《后赤壁赋》

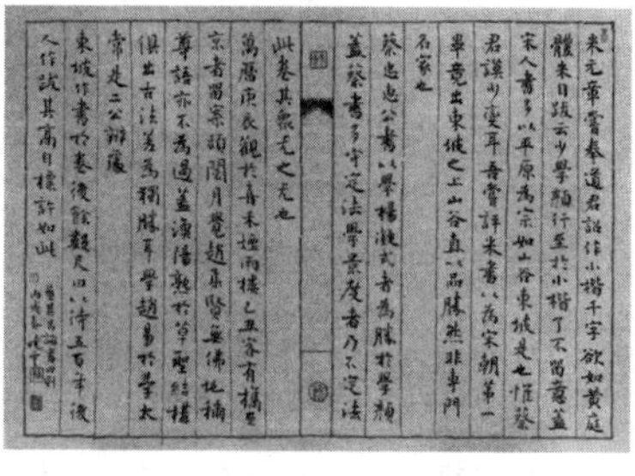

明 · 董其昌《论书四则》

历史的发展往往具有戏剧性，在高度繁荣的隋唐楷书之后，恰巧迎来了印刷文化的崛起，楷书书体特性具备了结束书体演变历史的条件，印刷文化为其画上了一个句号。

（3）楷书在今体书中的地位。

篆、隶、草、行、楷五大书体之间有着难解难分的血缘关系。隶、草、行书体的用笔、结体等艺术因素融入楷书的发展演变之中，而楷书的艺术发展也对隶、草、行书体的艺术演变有着不可估量的推动作用。尤其是楷书对草、行书的影响，历来受到人们的普遍重视。故苏轼说：“书法备于正书，溢而为行、草。未能正书，而能行、草，犹未尝庄语，而辄放言，无是道也。”（《东坡题跋·论书》）

晋·《谢鲲墓志》
（拓本）

楷书对隶书的影响，似乎尚未引起人们的注意。人们只看到隶书对楷书的顺向影响，而没看到楷书对隶书的逆向影响。这关系到如何认识魏晋时期既有以钟、王为代表的楷书体貌，又有如《王兴之夫妇墓志》、《谢鲲墓志》之类的似隶似楷的中间形态的书体。这种中间形态的书体，一般都被看作是由隶向楷演化的过渡型书体。这是以顺向单线式思维去认识书体演变和发展。如果按双向复线式思维去认识，那我们也可以作如此理解：在楷书已普遍使用的时候，由于日常写惯了，当偶然在特殊情况下需要书写比较古朴的隶书时，亦不免夹带楷书笔法，由此所致，隶书不再纯正了。滞后成熟的书体逆向侵入以往已成熟的书体之中，产生夹杂不纯的介于两种书体之间的中间形态的书体现象，并非魏晋碑志所独有，在汉碑额书上也存在。有相当一部分汉碑，其碑额虽沿袭古制以篆额冠之，但其篆法已夹杂隶笔，即用隶笔写篆书，而碑文书是典型的汉隶，致使无人敢说此种篆额之书是篆书向隶书的过渡现象。这正说明各书体之间的相互影响在书体演变中是客观存在的。

楷书的运笔动作比隶书更适合汉文竖式的书写款式，所以楷书比隶书流便。但楷书的用笔比隶书更富有变化，反而易简为繁，增强了艺术表现力。唐张怀瓘《玉堂禁经 · 用笔法》："八法起于隶字（按：即指楷书）之始。"宋米芾《海岳名言》："字之八面，唯尚真楷见之。"都指出了楷书用笔的复杂性。用笔的复杂性意味着线条变化的丰富性，而书法艺术就是以用笔线条为基本形质的。所以，自唐以后，历代书论都反复强调学习书法、提高书艺表现力均应从楷书着手。楷书是人们迈进书艺天地的必由之门。

楷书形体方正谨严，和谐适度，其用笔、结构均讲究严格的法度，对书写者眼、心、手三位一体的艺术素质和表现力的训练有着重要作用。宋元明清诸书家虽不以楷书匹敌前贤，但无不以楷书为起点，楷书是他们上溯篆隶、下探行草的艺术中介。楷书的式微并不意味楷书艺术作风的消亡，其潜在的艺术意义仍然是其他书体所无法替代的。它有力地支撑着其他书体，特别是行、草书体的艺术发展。

三、汉字的形体结构与书法艺术

（一）汉字构形的形象性与书法艺术

我国古代哲学讲求“观物取象”，即取万物之象加工成为具有象征意义的符号来反映、认识客观事物的规律，并使概念和判断、推理都尽可能形象生动，可以被感受和把握。与纯粹抽象的拼音文字相比，汉字的独特性就在于它的形象性。汉字起源于对客观物象的摹写。东汉许慎在《说文解字·叙》中写道：“古者庖羲氏之王天下也，仰则观象于天，俯则观法于地，视鸟兽之文与地之宜，近取诸身，远取诸物，于是始作《易》八卦，以垂宪象……黄帝之史仓颉，见鸟兽中蹄迒之迹，知分理之可相别异也，初造书契。”汉字是在自然物象的启发下，“依类象形”而来的。

汉字的造字方法前人总结有“六书”，即所谓象形、指事、会意、形声、转注、假借。这六种方法不是在造字之前就有的，而是后代文字学家对汉字构造的归纳和概括。“六书”这个词最早见于《周礼·地官》：“保氏掌谏王恶，而养国子以道，乃教之六艺：一曰五礼，二曰六乐，三曰五射，四曰五驭，五曰六书，六曰九数。”其中没有“六书”详细的名称，也没有对六书的解释。到东汉时期，史籍中记载“六书”的有三处：一是班固的《汉书 · 艺文志》：“古者八岁入小学，故周官保氏掌养国子，教之六书，谓象形、象事、象意、象声、转注、假借，造字之本也。”二是郑众的《周礼》注：“六书：象形、会意、转注、假借、谐声也。”三是许慎的《说文解字 · 叙》：“《周礼》八岁入小学，保氏教国子，先以六书。一曰指事。指事者，视而可识，察而可见，‘上’、‘下’是也。二曰象形。象形者，画成其物，随体诘诎，‘日’、‘月’是也。三曰形声。形声者，以事为名，取譬相成，‘江’、‘河’是也。四曰会意。会意者，比类合谊，以见指扮，‘武’、‘信’是也。五曰转注。转注者，建类一首，同意相授，‘考’、‘老’是也。六曰假借。假借者，本无其字，依声托事，‘令’、‘长’是也。”

这三处所举“六书”的名称和次序不大一样，东汉以后的文字学者由此产生过种种说法，但他们都承认“六书”，在本质上各家的意见也是相通的。清代以后，对于“六书”一般都采用班固的次序、许慎的名称和解释。不过，对于“转注”和“假借”的看法仍众说纷纭，许多人认为转注和假借是用字之法，只有前四书——象形、指事、会意、形声是造字之法。

1. 象形

象形是一种最古老、最直接的文字表意方法。它的特点是：

用简单的线条描摹客观事物的形状，使人一看就能把字形与具体事物联系起来，知道其所代表的事物。象形字所“象”的“形”，是客观事物中富有特征性的“形”，有“象”全形的，也有“象”局部的；有“象”其正面的，也有“象”其侧面的。越古老的字，形象性越强。

上图是三个走兽的象形字：象、鹿、虎。“象”字在金文族徽中简直就是活生生的一只大象，以后逐渐写为直立侧面形，但始终突出了大象的长鼻子特征；“鹿”字像鹿的侧面形，突出了鹿的像树枝一样的鹿角；金文族徽中的“虎”字像一只张牙舞爪的猛虎，被直立了起来。这些字用简单的线条描摹出事物的轮廓，不仅极富形象性，而且凸显了事物的特征，使人一望便知其义。

再如描摹自然山水的一些字。“山”字本像起伏的山峰之形；“水”字本像流水之形；“日”字和“月”字是太阳和月亮的象形；“雨”字本像雨点下落之状，富有动态感；“云”字上面两笔代表云层，下面表示云气缭绕。

象形字是从图画文字发展而来的，因此早期的象形字“羊角象其曲，鹿角象其歧，象象其长鼻，豕象其竭尾，犬象其修体，虎象其巨口，马象其丰尾长颅，兔象其厥尾，虫象其博首宛身，鱼象其枝尾细鳞，燕象其籋口布翅，龟象其昂首被甲，且也或立或卧，或左或右，或正视或横视，因物赋形，恍若图画无异”①。

象形字，逼真、形象，蕴含着先民的情感与理想，充分展现了自然界的形态美与生命活力。

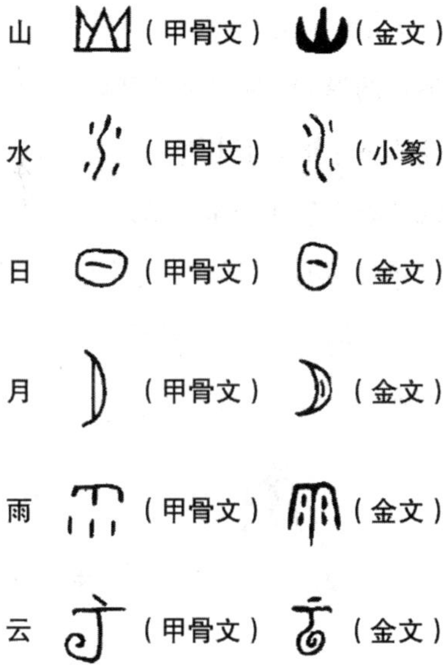

2. 指事

指事是一种利用特殊性符号标记某一客观事物、表示某一概念的造字方法，这种标记符号或是加在独体象形字的某个部位，或是加在代表某种事物符号的特殊位置。上下有别，本末分明，“上”与“下”，“本”与“末”就是最典型的指事字。

“上”、“下”有别的古文字字形：

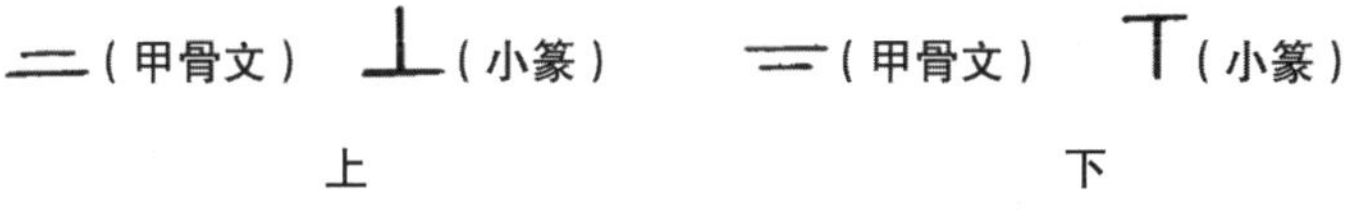

① 容庚：《甲骨文字之发现及其考释》，《国学季刊》1923 年第 1 卷第 4 期。

“上”字下面的一长横代表水平线，上面的一短横（甲骨文）或一竖（小篆）是指示性符号，表示位置在水平线以上这样一个概念；“下”字上面的一长横代表水平线，下面的一短横（甲骨文）或一竖（小篆）是指示性符号，表示位置在水平线以下这样一个概念。“上”与“下”字形上的区别主要在于指示性符号的位置。

“本”、“末”分明的古文字字形：

本（金文）　　末（金文）　　刃（小篆）

“本”字是在象形的“木”字之下加一个指示性的小点，表示树根（这是“本”字的本义）；“末”字是在象形的“木”字之上加一个指示性的小点，表示树的末梢（“树梢”是“末”字的本义）。

指事字不像象形字那么直观，需经过观察、分析，了解其特点，才能知其义。隶变后的指事字大多已成了不指事的指事字，只有少数字尚能看出指示性符号。如“刃”字，在刀口处添加一点以显示其位置。

3. 会意

二人相从，三人成众；小土为尘，不正就歪……会意法是在象形、指事基础上创造合体字的方法，把意义可相配合的两个或两个以上的独体象形字或指事字结合起来，表示一个新的意义，就是会意字。

从（甲骨文）

北（甲骨文）

众（甲骨文）

“从”是两个人形组合的会意字，一个人站在另一个人的身后，表示跟从，这就是“从”的本义。“北”也是两个人形组合的会意字，所不同的是它的字形不是一个人站在另一个人的身后，而是两人相背站立。“北”是“背”的初文，“相背”是“北”的本义。“众”是三个人形和日组合的会意字。因为数字“三”常常是多数的代称，所以三个人合在一起不是确指的三人，而是表示“众人”，而“日”为意符，形象生动地展现了众人在日下劳作的辛苦场景。

又如“杲”和“杳”两个字都由“日”和“木”组成，其组合部件间的位置关系在表示字义上起着重要作用。《说文解字》中对“杲”的解释是：“明也。从日在木上。”对“杳”的解释是：“冥也。从日在木下。”由于“杲”字是“日”在“木”上，说明太阳升起，到处一片光明，因此它的本义是“光明”，成语有“杲杲出日”；而“杳”字是“日”在“木”下，说明太阳已经落下，夜幕降临，所以它的本义是日色全冥，什么也看不见，成语有“杳无音信”。从“日”和“木”的组合方式上，就很容易将两个字的意义区别开来。

会意字多由象形字拼合而成，在表意上仍具有一定的直观性、形象性，借助于各个组合部件以及彼此的组合关系可以帮助理解字义。会意表意法优于象形、指事表意法，即使在现代汉字中仍有一定效用。例如，“灶”字，砌灶用土，灶中生火，所以“灶”字从火从土会意；“笔”字，一般毛笔的杆用竹做，笔头用毛做，所以“笔”字从竹从毛会意。这样造出来的字不仅形体简单，而且表意生动形象。

4. 形声

形声也是在象形、指事基础上创造合体字的方法，它的特点是标类注音，即用一个字作形旁，表示其意义类别，用另一个字作声旁，表示其读音，两者结合成为一个形声字。河中有水，诗中有言，“河”和“诗”是两个很典型的形声字，左边是形旁，右边是声旁。“河”与水有关，用“氵(水)”作形旁，很容易就联想到奔流不息的滔滔河水。“诗”与话语有关，用“言（讠)”作形旁，所以能联想到古人常以“诗言志”。“可”与“河”、“寺”与“诗”古音相近，它们分别作“河”和“诗”的声旁。

形旁也叫意符，绝大多数形声字的意符跟字义有联系，通过意符能使人概括了解字义范畴。例如，我们不仅可以从“河”中见“水”，也可以从“江”中见“水”。以“水”作意符的形声字一般都与水有关。表示江河名称的除了“江”和“河”（在古汉语中“江”原指长江，“河”原指黄河）以外，还有“淮”（淮河）、“湘”（湘江）、“济”（济水）、“泾”（泾水）、“渭”（渭水）等字；表示水利名称的有“沟”、“渠”、“渎”等字；与水有关的形容词有“深”、“浅”、“清”、“浊”等字；与水有关的动词有“流”、“涌”、“溃”等字。另外，像“注”字本义是用水灌进，“测”字本义是测量水的深浅，“激”字本义是水流急，“没”字本义是沉没在水里，它们也以“水”作意符。

形声字的声旁又叫声符，主要起标音作用。声符与字音有的相同，有的相近，由于古今音变，有些形声字的声符和字音现在读起来差别较大。

有些形声字的声符除了标音以外也兼表意。例如，日不明为“昏”，心不明为“惛”，“昏”在“惛”字中作声符，同时兼义；“鳊”是指一种身体很扁的鱼，“扁”是声符，同时兼义；“汐”是指夜间的海潮，“夕”是声符，同时兼义；“其”在古文字中是簸箕的象形，因被借用作抽象词使用，增加意符“⺮”表本义，因而“箕”的声符兼义；“暮”、“趾”等字也属类似情况，它们的声符也兼义。

形声造字法是最重要的一种汉字造字方法，随着汉字的发展，形声字越来越多，后世创制的新字绝大部分是形声字。形声字的一形符一声符，将汉字的意与音巧妙地结合起来，大大增强了汉字的表意性。

汉字的造字方法在本质上与象形密切相关。指事字多依赖于已有的象形字，才能“视而可识，察而见意”。会意其实就是“会象”字，用描摹在意义上相互联系的几种“形”，使人领会到某种“意”。就是半表音半表义的形声字，其构形也离不了“形”——其意义范畴是用形符来表示的，没有“形”，自然就无法表“意”了。声旁同样是一种象征性的符号，其表音还是通过“形”来实现的。

正如姜亮夫所说：“象形字是全部汉字的基础，因为每个字不论它有几个部分，或二合，或三合，或四五合，而每个部分溯其原始，都必然是一个象形，即使是表音部分，也是以其形所应有的音为音，而不是一个单纯作音标用的符号，至多只有几个作象征符号用的‘文’。”因此，汉字的象形本质和形体示意功能便借助于《说文解字》部首而在全部的汉字中得到体现。这种部首使得同一偏旁的汉字大致有相同的意义范畴。前人所说“山旁必言山，水旁必言水，此则万无移易者。因其偏旁所合之字，详其为何义，审其为何声，虽不中不远矣”，就是针对汉字独特的象形示意功能而言的。

汉字形体从甲骨文、金文、战国文字继而演变为篆、隶、草、行、楷各书体，在古文字阶段的象形意味逐渐减弱，符号意味越来越强。其中的隶变是一个历史的转折，而楷书又是一变，很多字已变成了“不象形的象形字”，不过仍然具有形象感与生命活力。如同样是一个“大”字，甲骨文显现顶天立地的人的形象；小篆两“腿股”处用弧形曲线写成，给人以力感形象；隶书左波右磔，给人以飘逸飞动的形象；楷书左撇右捺，给人以庄重正派的形象。无论哪种字体，都生动地再现了汉字构形的形象性和动态美。

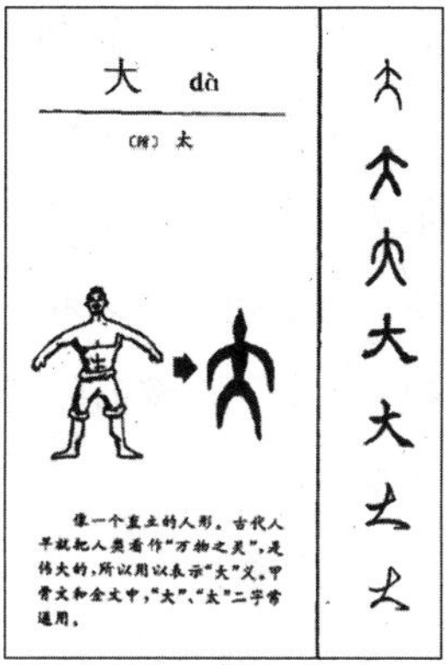

汉字字形的演变（图片选自《汉字演变五百例》）

汉字构形的形象性是其独特的审美价值的根源所在。隶楷阶段的汉字象形程度降低了，但为人们对汉字字形的驰骋联想提供了广阔空间。书法对汉字作出了卓越的美学创造，书法艺术由具体的形象上升为“异类求之”，即从其他物类中吸取形象的因素，使汉字内在的形象性得到升华。

例如，传统书法把“永字八法”作为楷书用笔的法则，认为“永”字备八法之势，能通一切字。“永”字在甲骨文中为象形字，像水流长，《说文解字》曰：“长也，象水巠理之长。”但楷体“永”字仍是象形，是一种崭新的艺术象形，即楷书“永”字的每一笔都是象形，都是事物特点的形象化。今人冯亦吾对“永字八法”较为通俗的阐释是：点，像鸟翩然侧下；横，像用缰绳勒马；直，状如弯弓之用力；钩，像踢脚；仰，像以鞭子策马；长撇像梳掠长发，短撇如鸟啄食，捺如刀子划肉。宋代姜白石则赋予了汉字点画形态以人的形体美，他在《续书谱》中说：“点者，字之眉目，全藉顾盼精神，有向有背，随字情异形。横直画者，字之体骨，欲其坚正匀净，有起有止，所贵长短合宜，结束坚实。撇捺者，字之手足，伸缩异度，变化多端，要如鱼翼鸟翅，有翩翩自得之状。挑剔者，字之步履，欲其沉实。”虽两人视角不同，但都抓住了汉字书法艺术“纵横有象，低昂有态”的美学真谛。

甲骨文　金文　小篆　隶书　楷书　草书　行书

不同书体下“永”字的写法

东汉蔡邕《笔论》云：“为书之体，须入其形，若坐若行，若飞若动，若往若来，若卧若起，若愁若喜。若虫食木叶，若利剑长戈，若强弓硬矢，若水火，若云雾，若日月。纵横有可象者，方可谓之书矣。”晋代王羲之《书论》亦曰：“凡作一字，或如虫食木叶，或如水中蝌蚪，或如壮士佩剑，或似妇

王羲之《兰亭序》中“之”字的变化

女纤丽。”一横可以被想象成一叶扁舟、一只玉案，一点可以被想象成坠石、水珠、瓜瓣、雨滴，书法艺术家正是敏锐地捕捉到了汉字构形的形象性，从而创造出形态各异的书法作品，如王羲之《兰亭序》中那二十个形态各异的“之”字，将“之”字升华为了艺术。

汉字构形的形象性是和一定的事物建立某种联系，而书法艺术中升华的形象，已突破原来的联系，是建立在艺术想象上的新的形象。书法对汉字作出了卓越的美学创造，使汉字内在的象形精神得到了升华。汉字的象形从文字发展史上来说，是由象形走向非象形，而从书法的发展层面来说，则是从一般象形走向更高层次的艺术象形。

（二）汉字笔画的丰富性与书法艺术

分析汉字的构造，可以有两个层次：六书与基本笔画。六书是与语言的音义密切相关的，或兼取音义，或仅取音，或仅取义。基本笔画原则上无音义（只在它们作为一个独立的字出现时才有音义），是书写和分析字形时的基本单位。从历史发展的顺序来说，先有六书，其十分稳固地存在着，基本笔画反倒是屡经演变而逐步形成的。

甲骨文中，一个字的偏旁（形旁或声旁）和它的笔画有时不固定，如“逐”字从豕，有时又从犬、从兔、从鹿，都还是

“逐”字；“鹿”字的角，多几笔少几笔也都可以。即在一定程度上变化不定，缺乏准确性。金文里也有很多这样的情况。这是文字接近于原始时期的现象。

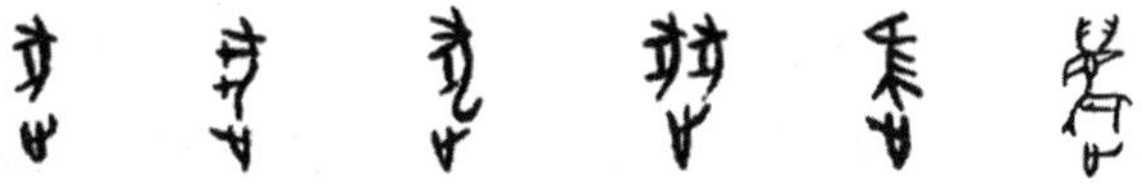

逐（甲骨文）

到篆书，特别是小篆，就很规范了。篆字的基本笔画有三种：点、直、弧。这是大体上把笔画分曲、直两大类。直，不分横竖和各种倾斜的角度，都称为直。弧的形体就更多，有朝上的弧、朝下的弧，有朝左或朝右的弧，这还都是单一的弧，还有以二三笔弧向不同、弧度大小各异而连成一笔的复弧，如“弓”字，上边一横是弦，下边表弓体的部分便是屈曲相连的复合弧，“己”字也是复弧连成一笔的。所以，复合弧笔的数量也不少。还有环形笔画，如从口（即围字）、从幺的字。篆字的基本笔画虽只有三种，实是粗略的归类。实际写的时候，往往要二三笔合成一笔。

弓（小篆）　己（小篆）　口（小篆）

篆字的基本笔画以弧笔为主，故在笔画的艺术上要求柔中有刚。《书断》中赞扬李斯的小篆“画如铁石，字若飞动”。铁石是刚硬的，这些柔中有刚的笔画组合成字，又能飞动起来，这个艺术境界就高了。

秦·李斯《峄山刻石》（复刻本）

隶书把大量的弧笔都变成平直的，把复合的分割成简短的，并大多取自左至右的笔画走向，这样就非常便于书写。楷书的基本笔画横、竖、撇、捺、钩、点、折等，在隶书中都已具备了，主要的不同之处，便是波磔和挑笔。

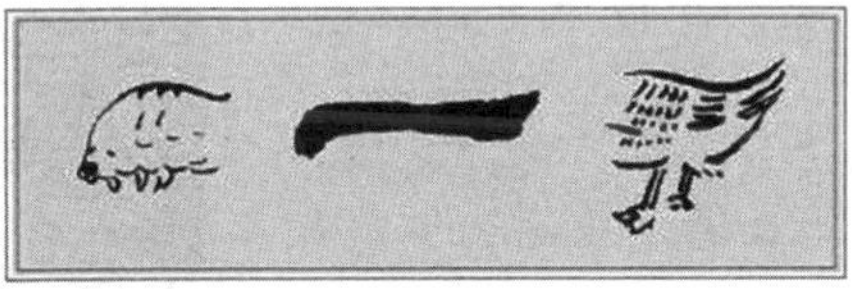

蚕头雁尾图示

隶书的横，往往作波势。一字中往往有一笔蚕头雁尾，和波势加在一起，一波三磔加一挑，写起来更富动感，真可谓势来不可止，势去不可遏，力在其中。隶书还有一条绝妙的守则：这种蚕头雁尾之笔，一字中最多只能有一笔，或宁可一笔也没有，有了第二笔便是病，便是犯了大忌，便是错误。所以其他的笔画就得收敛。这样就形成了伸与缩、主与次的辩证法。这一条在艺术思想上具有深刻的哲理，在艺术实践上也是十分成功的。如果有两笔伸展，就形成重复和雷同；如果处处都伸展，就等于没有伸展，都是不理想的。这便是书法中所谓的“蚕无二头，雁不双飞”。这就是隶书开始不能有重捺的规则。详细地说，一字之中不能有两捺，不能有两笔长横（即挑笔），就是捺与长横也只能居有其一，另一就得收敛避让。总之，只有一笔能尽情伸展，其他一概收敛。清人所辑的《隶辨》中有许多重捺的字。但是在一系列著名的碑石、规范的隶书作品中，是绝无例外地严守着这条规则的。可见，那时也经过一个时期的摸索、探讨，终于才明确了这条艺术的辩证法。书法上这样做了，就在文字的形体上也这样固定下来了，成了规范。不仅隶书这样做了，楷书也认真加以继承，不能有重捺，不能作两笔长横。王羲之的《黄庭经》中有一个重捺的字，即“扶养”的“养”字，下边的“食”字第二笔作捺，末一笔又作捺。即使是王羲之，也应认为是错了，或者说是一个疏忽吧。绝少有人去批评王羲之，

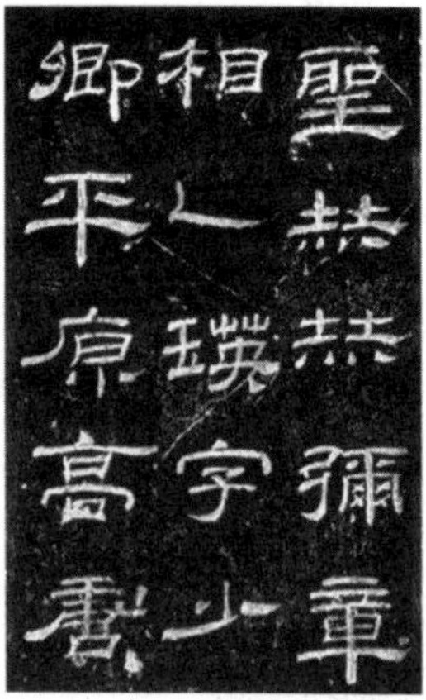

东汉 · 《乙瑛碑》

但学习王羲之的人那么多，却不见有人去学习他这一个重捺的字。我们现在看到一些重捺的字，应该认为是不规范的。

由篆到隶，是基本笔画的大变革。由隶到楷，只是作了部分的修改，基本规模已经稳定下来了。

楷书的基本笔画有横、竖、撇、捺、点、钩、提、弯戈、曲和折十种。每一种笔画在具体的每个字的书写过程中又有大小、长短、正反等变化，所以由这十种基本笔画可以演化成几十种不同的笔画。楷书笔画的丰富性是其他书体无法相比的。

横、竖、撇、点都有长短的区别。如“水”字的倒数第二笔，过去说成啄，实际是短撇。

捺不分长短，但有平、正、反之别。如“乏”的最后一笔，在楷书中常写作反捺。隶书和魏碑中有时出现一些短捺，隋唐楷书中都已转换为长点或短点。

撇除有长短之分，还有横撇与竖撇之分，如“委”字的第一笔便是横短撇，“广”字的第三笔便是竖长撇。

竖有悬针与垂露之别，是竖脚处出锋还是回锋上提之别。如“阝”在左边时往往用垂露竖，在右边时往往用悬针竖。

弯戈（或称弯钩）有横竖之分，如“戈、成”等字中都是竖戈（斜钩），“心”字中便是横戈（卧心钩、仰钩）。

与篆、隶的基本笔画相比较，楷书基本笔画的风格是平直、简短、明快，均是自左至右，自上而下，非常便于书写。这在世界文字之林中也是别具一格的。

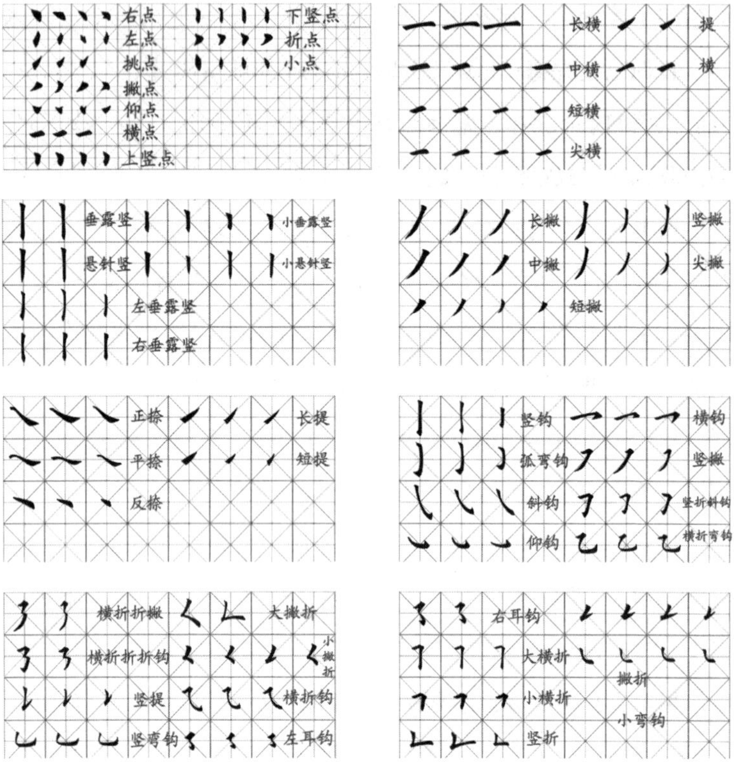

田英章楷书笔画图示

同隶书比较，楷书的笔画有许多发展。如横画，在篆书、隶书、楷书中均不同。“一”字，篆是真正笔直并与水平线平行的笔画，隶取波势挑笔，楷取消波势发展敧势。小学生描红本上第一个“一”字便是自左下方略向右上方取敧势，有了势，就是有了书法。“楷书四大家”颜（真卿）、柳（公权）、欧（阳询）、赵（孟頫）的字帖中真正水平方向的横画是不多的。

楷书的点比隶书的点丰富活泼得多。如散水法，三个点完全不同，互相顾盼，第三点长长露出锋来。隶书的三点水是雷同的。烈火法的写法也是如此。《楷书结构九十二法》中说：“点复者宜偃仰向背以求变。”简化字使楷书的点增加了不少，如“对（對）、风（風）、兴（興）”等字，其中许多都是长点。

楷书的钩与隶书的钩有根本的不同。篆书没有钩，它的一些弧笔到隶变时出现了钩。隶书的钩圆曲而长，如“于、刀、弓、子”等字的钩，数量不多。楷书的钩，一部分是保持并改造隶书的钩，更多的则是表现笔意，在笔画的末端带出钩来，钩向下一笔的位置，表示笔画之间“形断而意连”。若是在一字的末笔出钩，便钩向这个字的内部。如“门”字本是无钩的，“行”字也无钩，末笔钩向内，使楷书的笔势内向外向，两者结合，而隶书的笔势绝大多数都是外向的。“亦、赤、示、架、南、马、鸟”等字，篆隶中本皆无钩，今皆钩向内，也增加了楷书的内向性。楷书的钩，形短、出锋而有力，故与隶钩的性质、来源、形体均各异。

楷书的提，隶书没有。若是左边偏旁的末笔是横，皆得作提。为什么要这样？也是为了表现笔意的连贯性，形断而意连。横与提的区别是，提疾出，出锋，并指向下一笔的方位。故用提，表现形声字与会意字左右两偏旁之间的联系。

楷书的撇与隶书的撇也大有区别。楷书的撇也是疾出，出锋，此与提相同；所不同的是撇均自上而下，自右而左，提则由左下方向右上方。隶书的撇与捺是左右大体对称的，楷书总有意地要打破对称的局面，故撇是先重后轻，捺则先轻后重。

从以上这些因素看，楷书的笔画疾出、露锋的行为大为增加了，提高了书写速度，活泼灵动，并增强了笔画之间的内在联系。

从书法上看，基本笔画书写的艺术要求是什么呢？上千年来都讲究"永字八法"，它对文字的基本笔画完全取另一套概念、另一套名称。点曰侧，横曰勒，竖曰努，钩曰趯，提曰策，撇曰掠，短撇曰啄，捺曰磔。"永字八法"没有长篇大论，只是用了八个表示有力有势的动词作为笔画的名称。

永字八法

清代包世臣《艺舟双楫》对八法的解释很详细。如他说"点"，在篆皆圆笔，在隶皆平笔，楷书侧笔作点，就是有势了。"勒"则是"强抑力制，愈收愈紧"。又说："钩为趯者，如人之趯脚，其力初不在脚，猝然引起，而全力遂注脚尖，故钩末断不可作飘势挫锋，有失趯之义也。""捺为磔者，勒笔右行，铺平笔锋，尽力开散而急发也。"总之，贯穿其中的基本精神就是要把笔画写得稳重有力，而不能是飘浮滑过；要藏锋涩行，而不能草率从事。当然，获取力和势的办法，也不全在于用笔，还有赖于结体等的变化，而基本笔画的艺术则是最基本的。

冯亦吾在《书法探求》中曾“综合各家学说，为之浅释”：

“侧为点，象鸟儿翻然侧下。

勒为平横，象用缰绳勒马。

努为直，努或作弩，状如挽弓之用力。

趯为挑，挑就是钩，象踢脚。

策为仰横（左上），象用鞭子策马。

掠为长撇（左下），象梳掠长发。

啄为短撇，象鸟儿啄食。

磔为捺，象用刀子划肉。”①

汉字丰富的笔画在书家的笔下得到了艺术的升华。横、竖、撇、点、捺、折、钩，每一笔都被赋予了独特的生命和灵动的色彩。笔墨翻飞间，字形的参差错落、墨色的浓淡干枯、感情的激荡起伏呈现的不仅是书家的艺术个性，更彰显了汉字独特的艺术魅力。

（三）汉字结构的多样性与书法艺术

汉字是一种既能记录语言又能作为高级艺术品供人欣赏的文字。“写汉字像叠罗汉，有立的，有卧的，有扳肩的，有伸脚的，不但要整齐，还要叠成花样，而且是好多种不同的花样，这些花

① 冯亦吾：《书法探求》，北京：北京出版社 1983 年版，第 170 页。

样都有一定的‘谱’，只能照规矩作，不能自出心裁。一个汉字的构造就是一种建筑，其中有美学也有力学。”① 汉字书法之所以能够成为一门传统艺术，具有审美价值，是由汉字的基本构形所决定的。

汉字起源于图画，离不开线条的表现，或者说汉字是借助于带有绘画素质的线条来进行书写的，因此，汉字的字形复杂而富于变化。早期的汉字形象生动、栩栩如生，“龙”、“凤”有头有尾，似在飞舞，老“虎”张口立目，虎视眈眈……

龙（龍）　　凤（鳳）　　虎

金文中的许多代表作都是借助于曲线，在一定程度上再现了客观物体的形象美。如“商卣”铭文中的字大体上是线条随物体而转折弯曲。第一个“隹”（唯）字就是一只鸟侧立的形象，比例准确，神态生动，“月”（右起第一列第三字）、“日”（右起第五列第三字）二字也是在画月亮、太阳的图形，使人能直观其

① 杜子劲：《汉字在书写上的缺点》，《中国语文》1954 年第 22 期，第 18 ~ 23 页。

"日盈月亏"的简朴形象，只是它已不是逼真的写实了。

西周早期 · 商卣（拓本）

小篆是汉字第一次规范化了的字体，它使用圆转匀称的线条，表现了婉曲而流通的美。秦代把这种美刻在石上示范，《泰山刻石》、《会稽刻石》、《峄山刻石》等就是其代表作。

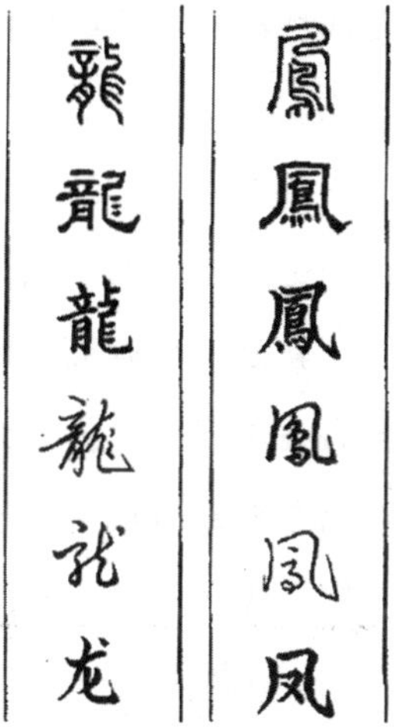

用篆、隶、楷、行、草五种书体书写的"龙"、"凤"二字及对应简体字

隶书用点、横、竖、撇、捺等笔画转写篆书，"将形象改得简单，远离了写实。篆字圆折，还有图画的余痕，从隶书到现代的楷书，和形象就天差地远，不过那基础并未改变，天差地远之后，就成为'不象形的象形字'"（鲁迅《门外文谈》）。尽管如此，隶书的字形仍显神采，它那蚕头雁尾式的波挑给人以飞舞、飘逸感。即使是楷书，甚至是简化后的字形，"龙"、"凤"仍有像尾巴翘起的一笔，笔画纵横交错，具有神韵。

不象形的象形字之所以能加工成具有形象美的艺术品，这是同汉字基本的结构方式分不开的。由于汉字的结构原则、偏旁组织从古至今都潜藏着形象的因素，因而现代汉字才有可能写得形象且富有魅力。当然，从另一方面看，也正是由于这个原因，以及汉字字形的千姿百态，从而增强了汉字在书写上的繁难程度。

汉字字形复杂多变，但结构上并非无章可循。

汉字定形之后，基本上是一字一块，不越雷池的。汉字的结构形式是独特的，与拼音文字有明显的区别。拼音文字是线性的，字的结构像线一样依次分布，向一个方向展开，呈一维的直线；汉字的整体构形则是呈二维的平面，一个字仿佛就是一个画面，字的结构分布在平面里，各个构件不仅可以左右组拼成字，也可以上下组拼成字，但不论怎样组拼搭配，它总是一字一块，不越雷池。也就是说，一个字不论有几个部件，都要均衡地、巧妙地组合在方块里，不能超越。汉字的结构美原则，其中相当一部分就是指让多种笔画、多种结构、多种组合方式在一个方块中协调、配合，以达到稳当、和谐而又灵活、美观的目的。

不同时期的汉字
表现为不同的字块

不同时期的汉字表现为不同的字块。殷商时期的汉字是近似图形的字块，周秦时代的汉字是圆形的字块，隶变以后的汉字是方形字块。

汉字方块形状的形成经历过一个历史过程。在商代甲骨文阶段，字形没有固定规范，书写时有大有小，结构成分时宽时窄；从周代金文到小篆，汉字逐渐稳定，字形渐趋整齐、方正，奠定了方块形的基础。从一些铜器铭文中可以看出，有时是画了方格后才写字的，如“颂壶”铭文一共二十一行，每行七个字，字体大小总体上差不多，只有少数字突出于方格之外；“小克鼎”基本上是一个方格一个字，只有个别字出了格或一个字占两三格；“宗妇鼎”、“宗妇壶”都是每行五格，每格一字；战国时期的“𪏓羌钟”铭文每行八格，每格一字。小篆时字形十分规整，每个字都写成长圆形；隶书时，字形基本呈扁方形；发展成楷书以后，字形固定为方形，一个字即一个方块。

西周晚期 · 颂壶（器铭拓本）

西周晚期 · 小克鼎（拓本）

在方块内，天地广阔，

各个部件可以被魔术般地组装，形成了多种多样的结构类型。汉字结构的基本形式有单一式、二合式、三合式、多合式、内外包容式。

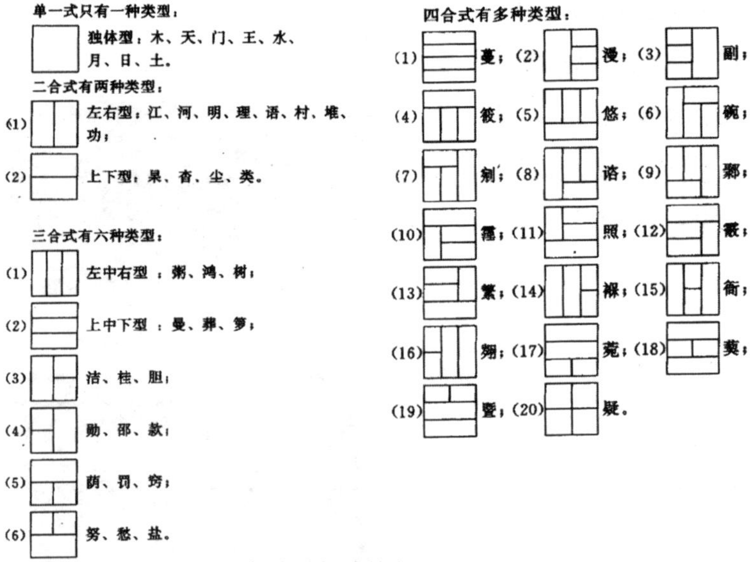

汉字结构的基本形式示例

复杂的汉字结构本身是有一定的内部平衡律的，各种字体也有各自的规律和特点。以楷书字为例，一个字如果由三个相同的部分组成，一般就采用品字形的重叠式，例如“森、矗、鑫、众、淼、焱、鱻、犇、麤”等，以避免头重脚轻。在方格里，品字形的重叠式难以写得四四方方、匀匀整整，所以有的已经被左右结构的形式所代替，例如“鱻”字被“鲜”字所代替，“羴”字被“膻”字所代替，“麤”字被“粗”字所代替。

汉字结构的黄金律可以说是当代书家启功的一项发现。启功先生一生经过多年的探索，通过对前人经典书法碑帖的深入研究，从数学、美学的原理上，论证了汉字结构的“黄金分割律”。黄金分割律不同于传统的“米字格”、“田字格”、“九宫格”，它认为字的重心聚集处不是字的中心点，而是在距离中心不远的四角处。启功先生结字的黄金分割律发现，把一个正方形方格纵横各画十三个正方形小方格，即正方形方格每条边均分为十三等份，字的重心在中间 5∶8 处，即字的交叉点“其上其左俱为五，其下其右俱为八”，这四个交叉点就是汉字的结构中所注重的地方，也是汉字的重心凝聚处。5∶8 的结果为 0.625，与黄金分割律的 0.618 十分接近。启功先生在谈到这一问题时专门强调：“第一，不要注意中宫，而要注意四个五比八的交叉点；第二，不要真正的横平竖直。凡是注意中宫这个观念和一定要横平竖直观念的，他再写一辈子也写不好。”根据黄金律的要求，汉字的结字重心应安排在中宫点偏上偏左的一个小范围内，按此法写出来的字不仅体势舒展，端庄稳重，而且能够获得

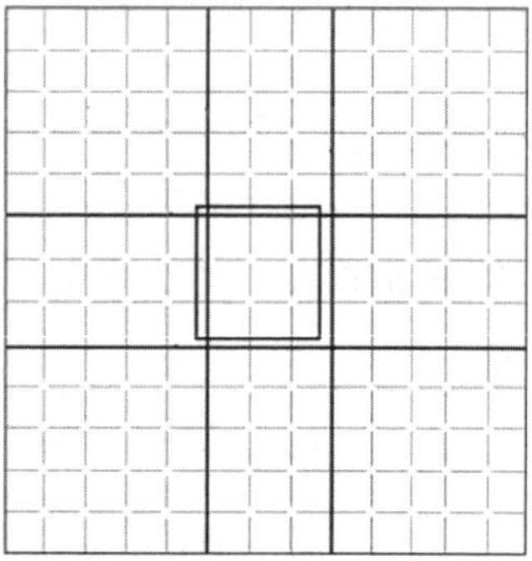

启功　真书结字黄金律示意

合适的透视角度，便于布置字面的疏密虚实，增加体势的立体感，避免出现四平八稳的僵硬和呆板。尽管汉字结体的黄金分割律还没有完全得到学界的共识，但在认识汉字结构上作出了新的探索。

古汉字的图画色彩较浓，在结构和形式上比较自由，多一点少一点，多一笔少一笔，或这一笔长那一笔短，关系不大。到了小篆、隶书和楷书里，笔画就要求平衡、均匀。在楷书中笔画的配合尤其重要。例如，“木”、“火”在左边作偏旁时收笔的捺要变成点，如杭、炮；在右边和下边作偏旁时就保持原来的写法，如休、伙、柴、焚。在左一捺变一点，在右、在下保持原状，即是“木”字和“火”字作偏旁时的规律。“足”字在左边作偏旁时将一捺写成一提，在右边和下边作偏旁时保持原来写法，如跑、促、蹩，即是“足”字作偏旁时的规律。

另外，任何一个字，它的组成部分结构的高度和宽度与笔画的繁简成正比，一般来说，笔画繁杂的，高度和宽度就大些，相反，高度和宽度就小些。书法上有“大字促令小，小字展令大”的结字原则（传王羲之所作《笔势论》提及）就是这个道理。大字的笔画较多，就要尽量收敛，不能写出格；小字要尽量舒展，可以加重笔画，以增加字的厚重感，这样使大字、小字在整体上显得均匀、平衡、和谐、统一。

总之，汉字是方块形的，不管怎样安排布局，调整比例和结构部位，每个字都必须合理地分布在方形的框架内，字与字之间又需均匀地留有间隔、空隙。这种一字一块的特点使汉字发挥着某些特殊的效用。

汉字结构的丰富性和均匀、平衡等原则为书家的艺术创造提供了广阔的视野和创作空间。因此，书法艺术的结体造型也是丰富多样、变化无穷的。一字有一字之形，点画虽相类而结构却迥殊。即使是同一个字，其结构也随着书体的不同、风格的不同而不断发生变化，仪态万方，出乎意料却又在情理法度之中。形式美要寓变化于整齐，将整齐统一与多样化有机地结合起来，才能创造高度的形式美。

书法艺术因结体造型的多样变化而产生的形式美是非常突出的，“奇即连于正之内，正即列于奇之中”，“妙在能合，神在能离”，相同的字体与不同的字体，相同一个字或不同的字，出自不同书家或同一书家之手，其结体造型就千姿百态，各有千秋，变幻无穷。从最初出现的上古象形文字，具有日月山川、草木虫鱼、人兽风雨的实体之动态美，发展到汉隶的端庄古雅，北碑的雄强开张，王羲之的风流，欧阳询的险绝，“颜筋柳骨”的挺劲有力，“颠张醉素”的狂放不羁，苏东坡的苍劲豪放，米芾不加修饰的“刷字”，赵孟頫的秀媚，郑板桥的“乱石铺街”……都各具面目，风格鲜明特出。

书法艺术结体的造型美，有着一定的规律性，前人曾在这方面作过很多有益的探讨和总结，从不同的侧面阐述了结体造型美的实践经验。相传唐代欧阳询曾经将汉字楷书的结字方法总结成

“三十六法”，世称《欧阳结体三十六法》。其内容主要是概括楷书结构布势的基本规律，包括排叠、避就、顶戴、穿插、向背、偏侧、挑窕、相让、补空、覆盖、贴零、黏合、捷速、满不要虚、意连、覆冒、垂曳、借换、增减、应副、撑拄、朝揖、救应、附丽、回抱、包裹、却好、小成大、小大成形、小大大小、左小右大、左高右低、左短右长、褊、各自成形、相管领、应接等。《欧阳结体三十六法》究竟是不是欧阳询所总结概括出来的姑且不论，但其对楷书结构规律的探索是积极的，且有一定的实用价值，一直被后世所重视。后代书家逐渐对其进行完善：明李淳取陈绎曾、徐庆祥二家之著作，增添己见，撰《大字结构八十四法》；清人黄自元撰、黄文燮重校《间架结构摘要九十二法》，一时流传甚广；今人李中原提出“三十八法”等。这些均是在欧阳询“三十六法”基础上演绎、完善而成的，对于后学者掌握汉字结构以及学习书法很有参考价值。

（四）汉字构图的空间性与书法艺术

甲骨文和金文中有许多字，大小纵横，任意为之，随笔画多少而定，哪个偏旁或哪个部位的笔画繁多，字形就较大，逐步做到整饬有规则。其中有一个更大的前提，就是汉语语词是单音节的，后来双音节的多了，也还可以作单音节的分析。一个音节，是一个音和一个义，文字要跟语言取得协调与一致，也便形成一个字。从历史来看，汉字经历了篆书的纵势时代、隶书的横势时代，最终在唐楷定型为方正之势。但无论长方、扁方、正方，汉字始终都是处在一个有横有纵的二维平面上，这就是汉字的构图空间，这一看似极小的空间却给了书家无限的驰骋想象空间。历代书家都在努力开拓汉字的构图空间，从字法扩展到行气，再延伸到章法布局，每一步都苦心经营、孜孜以求，以创造出多姿多彩的艺术效果。

1. 纵势时代

大篆如石鼓文，小篆如《泰山刻石》，都是取纵势的字。譬如“群”字之所以君字在上，羊字在下，因为它是纵势时代的字形。不过在这之前，还有相当长一个时期是纵横交错的。在更早的文字中，象形的因素多，事物是纵的便写成纵势，事物是横的便写成横势，如“受”，上下两只手，上边一爪，下边一又，中间一个舟字，便呈斜势。故后来不论事物的纵横、笔画的多少，一律写成一般大小的纵势，纯是字形安排的结果。“鱼”字在文字中几乎一律地取纵势，照理说游着的鱼都应取横势，金文中有些“鱼”字给我们一个启发，鱼鼻子上明显地有个绳子在拴着，原来这都是已经捕获的鱼，是悬挂在那里的鱼，是渔猎时代已成生产成果的鱼。

这样，有关牲畜、动物之词，大都取纵势，如牛、羊、马，还有鸟、隹等，也就不难理解了，它们原都指猎获的产品。“井”

字是象形字，金文中大多是见方的，四根井柱长短相等。小篆的“井”字便取纵势，因为纵势已经成为小篆的机制、小篆的格局。器、嚣二字，金文中大多是左边两口字，右边两口字，小篆则明确地写成上两口、下两口，成了纵势。有趣的是金文中有的器字，四个口字在四个角落上，像是左右两口，也像是上下两口，大约就是纵横之间的过渡情况了。“韋（韦）”字是从舛，囗（即围字）声，照例应将相违的两只脚写于口字的左右，至今犹写成上下两脚，这是小篆时代取纵势的字形保存至今的例子。

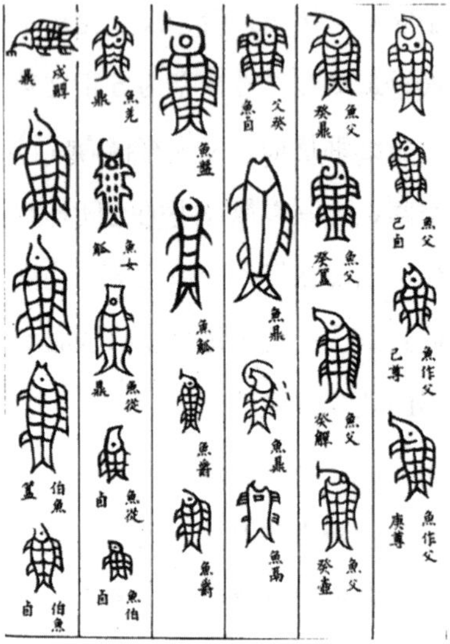

容庚《金文编 · 卷十一 · 鱼部》

2. 横势天下

秦隶还是纵势的局面，西汉则纵横兼备，东汉是汉隶典型格局的时代，就完全取横势了。

许多向纵势伸展的笔画，已得到收敛。如“宀”，“交覆深屋也”，从上覆到下，书法上称“天覆”，隶书中两边覆下的部分便逐渐收缩为点与钩。“穴”字从宀，也是这样，所有从穴的字两边也收敛。网及从网的字如“罗、罩、罪”等字，两边也要收敛。

与此同时，又大力发展了横势的笔画与结体。隶书发展横势最典型的是“辵、走”二字的末笔。在甲骨文、金文中，“辵”为彳、止二字，“走”为夭、止二字。彳、夭二字经常用作字的左旁，止字总是居于右下部。到小篆中两字才相连成为与走、跑有关的部首字。那时，它们的末笔还是短小的横，唯恐接触到右旁的字，就像我们现在写的足字旁的末笔那样。隶书把“辵、走”二字的末笔竭力向右延伸，大事发挥，写得有力有势，引人入胜，像《石门颂》中许多从走的字，尽情地渲染张扬，使人感到有无限风光。《石门颂》中的“路”字，足旁的末笔像走旁那样，远远延伸到各自的右下方。《曹全碑》中的“起”字，走旁的末笔没有延伸，而将“己”字的末笔向右延伸了，这是保持篆字写法，后来楷书中就不用了，偶或在草书中可见。与此相似，还有“毛、是、瓜、九、元、免、尧、鬼、虎”等字作左旁时，末笔也尽力延伸。

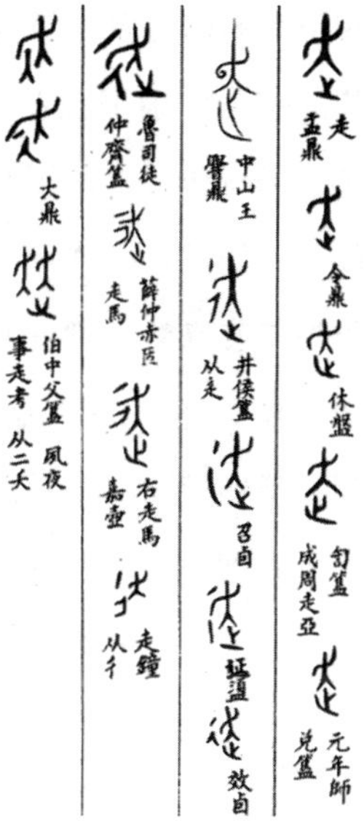

《金文编》中收录的“走”字

隶书发展横势，采取多种办法，以上是改变字形、转换笔画的例子。但是这不能很普遍，在维护文字的稳固性的前提下隶书对汉字面貌带来的改革已是够大的了。许多纵势的字形，隶书没有改变，如“群”字，仍写作君上羊下，《曹全碑》中就有一例。又如“襄、翼”等字，都仍保持着纵势。隶书发展横势最主要的办法，还只是压缩上下纵向的空间，延伸横向的笔画。它首创的是蚕头雁尾的长横和捺笔，写得非常舒展。它的撇也更多地是向左伸展。

东汉 ·《石门颂》
（局部拓本）

3. 方正之势

回顾篆的纵势、隶的横势，再看楷书所取方正之势，才知实非偶然——方正是纵横兼蓄的形体。

楷书的方正，是从魏晋开始的。钟、王的小楷中，竭力压缩纵势的格局没有了，字体变得宽松自在。以《黄庭经》为例，其“玉、生”等字，纵横自如，完全是楷书的面貌。但是

东汉 ·《曹全碑》
（局部拓本）

它在结体纵横的字势方面，仍带有明显的隶意，这不能单看即使在隶书时代仍保持一定纵势的字，而要看大格局，看一些经典例子。如《黄庭经》中几个“丹田”的“田”字，字形完全是扁平的，“田”字可纵可横，本应以方正之势出现，却都不然。常用字“不、中、大”等字，在小篆中是纵势，隶书中是横势，《黄庭经》中仍是横势。再如“调、临、顺、明”等字，笔画多，楷书中是方正的形体，这里还是横势充沛的。

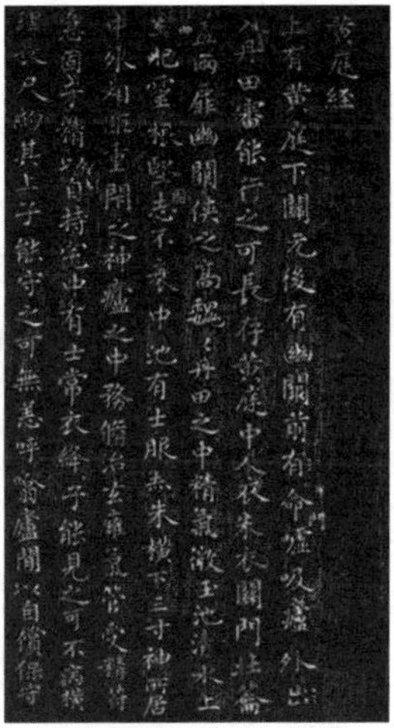

晋 · 王羲之《黄庭经》
（局部拓本）

宋代黄长睿《东观余论》中曾分析了魏晋至陈隋的许多字帖，说它们都迁就汉隶，“扁而弗椭”（即长）。“至陈隋间，正书结体渐方，唐初犹尔。独欧阳率更（欧阳询）、虞永兴（虞世南）易方为长，以就姿媚，后人竞效之，不及二人远甚，而钟、王楷书弥远矣。”这是一番很有见解的话，他注意看总的趋势，欧阳询《九成宫》中有些字的确明显地转变为纵势。从隋时智永（王羲之的七代孙）到唐初虞世南，也是带有一定横势的，欧阳询显著地表现一定纵势，可说是矫枉过正。方正之势的成熟，唐人尚法的高潮，是在颜、柳时期。欧、虞只是尚正，没有尚方，颜真卿才是典型地填满一格。可见，从隶的横势到楷的方正，中间有一个相当长的过程。

方正之形，一方面是重整饬之美，便于规范，任何文字都要求整饬和规范；另一方面，它又灵活而富于弹性，既便于纵，又便于横，书家写来，稍一掌握，便纵横有致，便于他们自由发挥，建立自己的风格。

唐·颜真卿《多宝塔碑》（局部拓本）

从历史来看，现存汉字中包含大量纵势时代的字，也包含大量横势时代的字。所以，方正之势，已成定局，历一千多年而不变。它是最自由而灵敏、最理想而活泼的形体，收则为文字规范，放则为书家无穷之势。在今后的一个历史时期里，似乎也没有必要去改变它。回顾历史，纵横参半而方正为胜的时代更长。

前边说过，汉字定形之后，基本上是一字一块，不越雷池的。甲骨文是方块的自然形态；篆书是纵势，长方形；隶书是横式，扁方；楷书是正方或长方；行草是连绵飞动、纵横有象。汉字在这个方块内既受到制约，又能灵活地四下伸展，不管何种书体、何种流派，都要放在这个方块内。

而书家总是在努力开拓汉字的方块构图空间，从单个方块字到一方小印、一整幅字。中国人历来对“方”情有独钟，不仅字是方块字，书法创作的幅式如：中堂、横披、匾额、斗方、对联、尺牍、手卷、页册等也多是方形，篆刻的印章也以方形比较多见。

书家不仅要精心布局每一个字的笔画、结构，而且要合理安排字与字、行与行、列与列的布局，尽力取得整体的和谐统一，也就是一般所讲的“行气”、“章法”。下面对章法中的“疏密”作一浅析。

宋代书论家姜夔在《续书谱》中说道：“书以疏为风神，密为老气。”因疏留有较多空白，从而显得空阔、清虚、高简、洒脱，而密则因字中笔画的紧结、字与字的密聚，显得繁复、奇崛、雄健、老辣。书以疏欲风神，使人联想到飘在蓝天中的晴云，长在江南水泽边的修竹；书以密欲老气，使人联想到急骤的狂风暴雨、原始森林的奇崛。五代书家杨凝式的《韭花帖》历来被认为是“疏朗”一派的杰作；清代书家傅山的书作多以“密

五代 · 杨凝式《韭花帖》

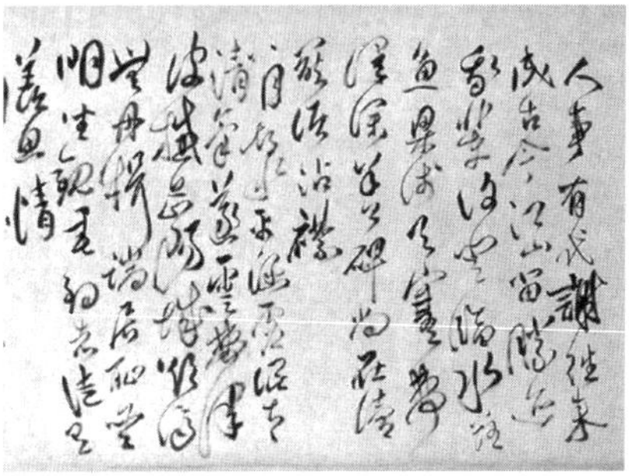

清 · 傅山《草书孟浩然诗》

实”见长。清代书家邓石如有“字画疏处可走马，密处不使通风；常计白以当黑，奇趣乃出”的说法。对这句话的理解，历来仁者见仁，智者见智。刘熙载从中悟出的道理是：结字疏密须彼此互相乘除，故疏不嫌疏，密不嫌密。邓石如的话有极丰富的意蕴，如果综合地从结体、布白、审美情趣诸方面去汇观，则启迪更深，得益更多。

四、汉字的简化、规范化与书法艺术

汉字产生以后，汉字的简化、规范化问题亦随之产生。虽然在汉字形体演变过程中有繁化现象，但并非主流，简化才是其总体趋势。汉字的规范化问题与汉字的社会功用密切相关，为了实现文字的交际功能就不得不将其规范统一。

从甲骨文、金文、春秋战国文字到小篆、隶书、楷书，以至于现代简化汉字，就是汉字形体不断变异、不断简化、不断规范的几个里程碑。新中国成立后所进行的大量社会用字规范化、标准化工作，就属于建立汉字新规范的工作。不过，20 世纪五六十年代主要通过规范化给变异以肯定（公布《汉字简化方案》就是对群众创造的一部分简化字的肯定，整理异体字也是把原来不是正体字的一些字确定为新的正体字），而当前主要是通过规范化给变异以限制。

文字在其发展过程中是要不断突破旧的规范、建立新的规范的。但是，这个变化周期应该是比较长的，也就是说，在一定时期内文字应当保持稳定。五六十年代建立起来的社会用字规范，不能到七八十年代就被突破。《第二次汉字简化方案（草案）》之所以没能行得通，原因之一就是它破坏了社会用字在一定时期的稳定。当前社会用字出现的混乱现象，也在起着这样的破坏作用。必须通过规范化手段对这种混乱状况加以限制，使它的破坏作用降到最低程度。因此，今天重提汉字规范化、标准化问题有着强烈的现实针对性。

（一）汉字的简化历程

汉字源远流长，是世界上历史最悠久的文字。在历史长河中，它在传承汉文化的历史重任中发挥着巨大作用。与其他文字一样，汉字有优点也有缺点，这是人所共知的。汉字的缺点主要是笔画繁多，书写速度慢，不少字结构繁杂，难写难认等。在汉字漫长的发展岁月中，不断出现各种简化现象，使汉字的面貌发生了全新的变化。虽然这种简化不完全是有组织、有计划进行的，但它却是汉字发展的一个方向，也是汉字本身特有的发展规律。

汉字的简化可以从笔画和结构两方面来看。从字体上说，笔势的简化主要是指文字的线条化、平直化等。两周金文是殷商甲骨文的简化，小篆是古文字的简化，隶书是小篆的简化，楷书是隶书的简化，这种不断简化的过程就是新的、容易写的字代替旧的、不容易写的字的过程。如“日”字的笔画姿态，金文和甲骨文不同，小篆和金文不同，隶书、楷书和小篆不同，草书、行书又和楷书不同，这是字的笔势的变化。又如“马”字在甲骨文、金文中的字形都是一匹马的形状，十分逼真，长长的脸部和鬃毛突出了马的特征。在战国文字中就大大简化，线条平直化，构形更加简洁，甚至只保留了头部的轮廓，难以辨认出是一匹马。如右图所示：第一行为甲骨文字形，第二行为商周金文字形，象形程度较高，可以清晰辨认出马的轮廓；第三行为战国文字，有的字形已十分简化。

“马”字的字形简化过程（图片取自徐中舒《汉语古文字字形表》）

纵观汉字的发展进程可以看出，字的结构相对来说比较稳定，变化较少；字的笔势则随着新字体的产生而屡经变化。字的笔势之变是整个汉字体系的外观形式的变化，字的结构变化则具个别性。自汉字进入楷书阶段之后，字体（字的笔势）上并无本质变化，只是字形（字的结构）越来越简而已。当笔势不变时，就只能转向简化字的结构以达到汉字简化的目的。

从这一角度来说，结构的简化才是简化的主要方面。

考诸汉字的结构及其发展变化的历史，可以很清晰地看出与繁化相反的简化才是中国汉字发展的一种必然的趋势。正如梁东汉所说："简化的趋势是从有了文字之后就开始存在，并且贯彻在文字发展的整个过程中的。……文字的简化是文字本身的内在规律。"简言之，简化是从汉字产生的时候起就出现的客观事实。

甲骨文是我国最古老而且有比较严密规律的文字体系，它"六书"俱全，但其以象形字为基础，这是甲骨文"文字写法不固定，异体字较多"的原因之一。甲骨文中有的象形字就像一幅图画，形象逼真，一望大致即可知道它们所代表的事物和词。但文字是书写的符号，与图画不同，它只要能表现出该事物的特征就行，笔画多少可以不拘。因此，同一个象形字往往会出现几种乃至数十种繁简不同的写法。同时，甲骨文中合体字的偏旁可增可减，义近形符可以通用，这也是甲骨文形体结构没有定型化的原因之一，自然也是同一个字有繁简几种不同写法的缘由之一。如"莫"为"暮"本字，从日在茻中会意，甲骨文中或从茻，"屮"、"木"意义相近可通。

甲骨文中"莫"字的不同写法

甲骨文的书写工具也在一定程度上对字形的简化产生了影响。从已出土的商代后期的甲骨、玉、石、陶等物品上残存的少量文字来看，当时，毛笔已是主要的书写工具了。“笔”字繁体作“筆”，从竹从聿。甲骨文中“聿”是手持毛笔的象形字。商代金文基本保持着毛笔书写的形体特征。但甲骨文是用刀在龟甲、兽骨上刻写的，自然与用毛笔书写不同。裘锡圭指出：“在坚硬的甲骨上刻字，非常费时费力。刻字的人为了提高效率，不得不改变毛笔字的笔法，主要是改圆形为方形，改填实为勾廓，改粗笔为细笔……有时，他们还比较剧烈地简化字形，如把子丑寅卯的‘子’由简化为（在上古，用作纪年的子丑的‘子’跟子女的‘子’写法不同），把‘于’字，由简化为等。”如上述，尽管这种“子”与“于”的简化在甲骨文时期是一种无意识、无目的的行为，但这却是在文字使用日益频繁和书写工具不便的矛盾中进行的必然的改革。因此，可以说，为了适应社会使用的需要，在甲骨文时期，汉字就开始了简化的进程。

西周春秋文字是商代文字的继续和发展，这时期的文字资料主要是金文。西周金文的形体，最初几乎完全沿袭商代晚期金文的作风，字形的象形程度比较高，弯弯曲曲的线条很多，笔道粗细不匀，还有许多呈方、圆等形的方块，书写费事。为了改变这种情况，就需要使文字线条化、平直化，减弱图画性，增强符号性，这样一来，书写就方便快捷多了。这就是在运笔上对汉字进行的简化，是这一时期字形演变的主要趋势。

在春秋战国之交，中国社会发生了剧烈变化，这对汉字形体的演变产生了巨大影响。春秋以前，文字为贵族统治阶级所垄断；春秋战国之交，随着“私学”的发展，文字的使用开始扩散到民间；此后文字的使用面越来越广，俗体字迅速发展，文字的形体发生剧烈变化，特别是六国文字。六国文字形体上最显著的特点是俗体的流行，而俗体中最常见的是简体，如“马”写成或；“为”写作或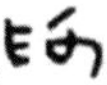。而且简化的方式也是多种多样的，无统一规则，由使用文字的人各施其法。这种简省现象在玺印文和货币文中表现得尤为突出。这主要是受印面和货币面积的限制，所以字体简略，笔画草率。

无	礼	弃	丽	其	定	乘

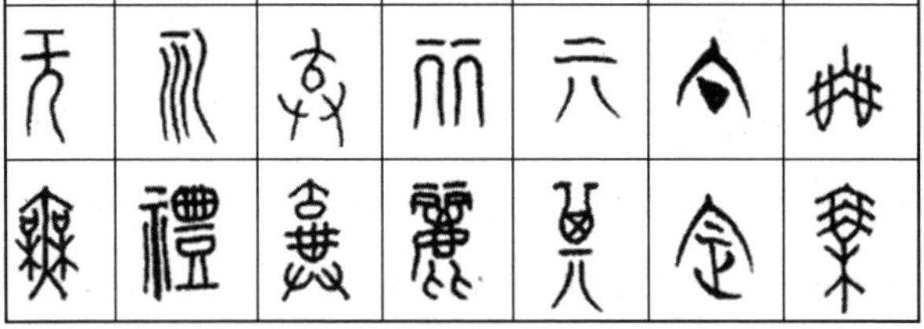

当然，在六国文字里，也有繁化现象。但比起简化，繁化现象是次要的。总之，春秋战国之际，简化、草率的字体大量流行，今日简化字中的一些极简形体，像“无”、“礼”、“弃”等，都可以在这一时期的文字中找到其原型；像“丽”、“其”、

"定"、"乘" 等字的简体，甚至比今日的简化字还要简化。如上图第二行的简化字字形均比第三行的正体简单。

由于战国时期"言语异声，文字异形"已经到了无以复加的地步，严重影响了汉字正常功能的发挥。秦始皇统一六国，下令全国"一法度衡石丈尺，车同轨，书同文字"，"罢其不与秦文合者"，这是中国文字发展史上的第一次规范化运动，也是第一次由政府主持的文字简化运动。《说文解字 · 叙》中说道："始皇帝初兼天下，丞相李斯乃奏同之，罢其不与秦文合者。斯作《仓颉篇》，中车府令赵高作《爰历篇》，大史令胡毋敬作《博学篇》，皆取史籀大篆，或颇省改，所谓小篆者也。"依照许慎的观点，"书同文字"是对形体繁复的字加以简化，即所谓"或颇省改"，从而形成小篆。也就是说，小篆是经过"省改"大篆而产生的。所谓"省改"，即简化之意，通过对史籀大篆的规范、简化，才得以使新的字体——小篆作为统一文字颁行天下。相对于大篆，小篆即是它的简体字。李斯等人的工作，主要是对当时的文字加以整理统一，并不是全面的创新。因为从出土的文献资料中可以看出，小篆是以春秋战国时期的秦系文字为基础，吸收各国文字的优点整理而成的。

秦系文字除了正体大小篆外，还有俗体古隶书，也称为"秦隶"。裘锡圭说："睡虎地秦简上的文字显然不是正规的篆文。从笔法上看，在简文里，正规篆文的圆转笔道多数已经分解或变成方折、平直的笔画……从字形上看，简文里很多字的写法跟正规

秦·云梦睡虎地秦简（局部）

篆文显然不同，跟西汉早期的隶书则已经毫无区别，或者只有很细小的区别了。”秦代的隶书是篆书的草写，最初只作为民间流行的辅助性书体，后来为官方所接受。其发展一方面将官方法定文字草化，省略圆转弧曲笔法而规范为汉隶；另一方面，继续作为民间流行的书体，向赴速急就方向演进，由秦隶中的草书因素发展起来的，在笔画牵带和连绵借让为特色的隶书快写的基础上形成章草。草书文字对后来简化字的产生有很大影响，它在客观上完成了对汉字繁复笔画的简化，这说明草书在汉字发展史中是有进步意义的，它对汉字的简化具有一定的促进作用。

隶变是汉字发展史上的里程碑，是汉字的一次大规模的简化过程，因此也是简化汉字的重要关节。《说文解字·叙》中说：“秦焚烧经书，涤除旧典，大发吏卒，兴戍役，官狱职繁，初有隶书，以趣约易。”而王僧虔《名书录》中关于程邈为秦始皇造隶书之事也说道：“秦狱吏程邈善大篆，得罪，系云阳狱，增减大篆，去其繁复，始皇善之，出为御史，名其书曰隶书。”“以趣约易”、“增减大篆，去其繁复”也证实了隶书是对篆文的一种简化。隶书主要从两大方面对篆文进行简化：一是笔势上，解散篆体，改曲为直。这是汉字的形体因隶变而完成的一个根本性的变化。二是结构上加以省并、分化、混同。例如，隶变时为了减少笔画，突出地把偏旁简化了，例如“水”字的左旁作“氵”，“辵”的左旁作“辶”，“阜”字的左旁和“邑”字的右旁作“阝”；还将一些部件省并了，如将“雧”省并为“集”。这些简化的方式都促使汉字往书写便捷的方向发展。

东汉 · 《韩仁铭》（局部拓本）

大抵形成于汉魏之际的楷书，主要是由汉隶发展而来的。楷书与隶书的区别主要表现在笔画形态方面，楷书简化了隶书的波磔与方撇，从“笔势之变”这个角度可以很明显地看出楷书是对隶书的简化，更何况在结构上楷书仍继续对隶书加以简化。

楷书的定型是在对今隶的简化和对章草的吸收的基础上完成的。在笔画上，简化了今隶的波磔和方撇；在结构上，吸收了章草的简省和连写，形成了科学的、规范的方块汉字。此后，简体字随着行书、草书的快写而使用得日益普遍。魏碑中已大量出现了如“万”、“无”等简体字。晋、唐佛教译经、写经鼎盛，宋代雕版印刷业大为发展，话本小说、说唱诸宫调、戏曲等市民通俗文艺迅速崛起，都促进了简体字使用的社会化。特别是宋、元雕版书籍中大量出现的“俗字”，是刻工为了省工省时，恣意简省笔画的结果。虽然其中很大一部分因违背了汉字简化的规律而被淘汰，但这些“俗字”在汉字由繁趋简的发展过程中所起的作用是不容忽视的。

唐 · 欧阳询《皇甫诞碑》（局部拓本）

此后，简体字随着行书、草书的快写而使用得日益普遍。汉碑、汉印中已有不少简体字。到了魏晋六朝，社会动荡不安，文字的使用也非常混乱，简体字也随之迅速发展起来。到了晚唐五代时期，俗字的使用不是个别的、偶然的现象，而是连篇累牍了。宋元以来，随着印刷术的发明和印刷业的发展，民间刊刻的小说、唱本、戏曲、弹词等民间文学雕版中，也有许多不见于字书、韵书的简体字。

由于简体字的出现完全合乎汉字形体演变规律，发挥了文字的基本作用，符合人民的要求和愿望，尽管统治阶级认为不足以“登大雅之堂”而竭力排斥简体字，但简体字在人民生活中却一直起着很大的作用，一直为人民群众所乐用。

现代汉字的简化是伴随着五四时期民族民主运动的兴起而逐

渐被提上日程的。最早提出采用简体字的是教育家陆费逵。1909年他在《教育杂志》创刊号上发表题为“普通教育应当采用俗体字”的论文，1921年又发表论文《整理汉字的意见》。1922年，钱玄同在国语统一筹备委员会提出了《减省现行汉字的笔画案》，指出：“文字本是一种工具，工具应该以适用与否为优劣之标准。笔画多的，难写费时间，当然是不适用。笔画少的，容易写、省时间，当然是适用”，“改用拼音是治本的办法，减省现行汉字笔画是治标的办法”，“治标的办法实是目前最切要的办法”。提案主张把过去只通行于平民社会的简体字，正式应用于一切正规的书面语上。此后，胡怀琛、刘复、李家瑞等人先后撰写出版了几种系统整理简体字的书籍。1935年，由中国语言文字学家和教育家陈望道等组织的“手头字推行会”，选用了第一批手头字300个。同年2月，文化界200人和《太白》、《世界知识》、《译文》等15家杂志联合发表了《推行手字缘起》。在简体字运动日益发展的形势下，1935年8月，国民党政府教育部公布了第一批简体字表，收字324个。到1936年2月，国民党政府又通令收回。这个时期，其他的简体字出版物有5种之多。抗日战争时期，简体字的发展主要在当时的解放区，油印报刊采用并创造了许多简体字。

新中国成立后，不仅解放区使用的简体字在全国广泛流行，而且经过有组织、有领导的搜集和整理研究，最终公布了全国通用的简体字，确立了简体字的合法地位。1950年，中央人民政府教育部社会教育司编制了《常用简体字登记表》。后经征求意见，决定根据“述而不作”的原则，于1951年拟出《第一批简体字表》，收字555个。1952年2月5日中国文字改革研究会成立，在《第一批简体字表》基础上，经反复研究和多方听取意见，于1954年底拟出《汉字简化方案（草案）》。草案分《798个汉字简化表草案》、《拟废除的400个异体字表草案》和《汉字偏旁手写简化表草案》。1955年2月2日，中国文字改革委员会在中央一级的报刊发表《汉字简化方案（草案）》，把其中的261个字分三批在全国各省、市、自治区的50多种报刊上试用。1955年7月13日，国务院成立了董必武任主任委员，郭沫若、马叙伦、胡乔木任副主任委员的汉字简化方案审订委员会。1955年9月，中国文字改革委员会根据征求意见结果提出修正草案，经国务院汉字简化方案审订委员会审订，1956年1月8日，国务院全体会议第23次会议通过，1月31日由《人民日报》正式公布。

《汉字简化方案》共分三个表。第一表为已经被大部分报刊所使用、即可正式应用的230个简化汉字；第二表为先试用两个月、经过修正再正式推行的285个简化字；第三表为先试用两个月、经过修正再正式推行的54个可类推的简化偏旁。1964年2月24日，国务院又批示：《汉字简化方案》中的简化字用作偏旁时，也同样简化；偏旁独立成字时，除“讠、饣、纟、钅”四个外，其他也要简化。1964年5月，中国文字改革委员会根据这个批示编辑出版了《简化字总表》，共分三个表，第一表是352个不作偏旁用的简化字；第二表是132个可作偏旁用的简化字和14个简化偏旁；第三表是经过偏旁类推而成的1 754个简化字，三个表共2 238个字（因“签”、“须”两字重见，实际为2 236字。1986年10月重新发表时又删去“选”、“象”两字）。《简化字总表》有两个附录：一是1955年文化部和中国文字改革委员会发布的《第一批异体字整理表》中的39个选用字，这些字习惯上被看作简化字；二是更改了原来使用生僻字的地名。

随着新时期简体字的不断完善和定型，书法家也在不断探索用简体字进行书法创作。

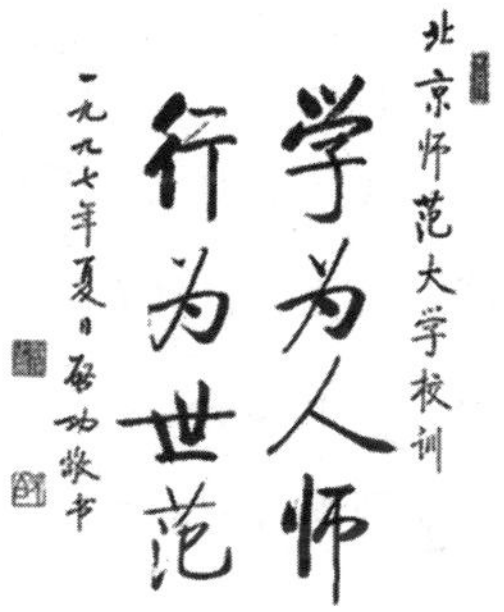

启功 · 北京师范大学校训（简体书法）

当代书家沈尹默认为简体字入书法的问题关涉到书法艺术的时代精神，“书法艺术家没有理由拒绝简体字，而应拍手欢迎它，努力推行、钻研而且加以美化。……是书法艺术界‘突破’的大好时机”。他提出了书法发展的“突破”问题，确实具有超越的目光，并认为简体字入书法是书法艺术“突破”的切入口。他在《谈中国书法》一文中作过分析，“现行简化字体必须写得好看，这是人人所要做到的事。但在简字通行表中，有一些字是由草体转化来的，草体本是把正体简化，点画另作安排，它是以使转为形质，点画为性情的。现在又要由草变正，便得重新安排点画，这却不甚容易。如何安排得妥帖方始美观，就须要我们书法界的人士各出新意，把它配合好，这是当前我们必须注意的一件事情”。此论可谓空谷足音，至今仍是书法界未能很好回答的艺术难题。

纵观汉字的发展历史，汉字简化工作顺应了汉字形体由繁到简的发展趋势，简化是不可逆转的汉字走向，书法艺术也应该积极吸纳简化字。我们应当在保持汉字字形相对稳定的同时，实现规范化和标准化，让简化字为我们的日常生活带来更多的便捷，为艺术增添新的光彩。

（二）汉字的规范化与书法艺术

在一个现代化国家，文字是一个非常重要的问题，政治、经济、文化、教育等都会受到它的影响。中国是一个人口众多的大国，由于汉字数量多，使用者习惯各异，加上历史流传下来的一些问题和方言的影响，使得汉字在使用过程中难免出现这样那样的差异。

20 世纪 50 年代以来，政府在汉字的规范、注音、简化等方面花费了大量的人力、物力，进行了许多研究并加以推广，取得了举世公认的成就。要了解汉字，了解汉字在中国文化中的地位，就必须了解有关这方面的情况。

文字之所以能成为记录和传达语言的符号，成为辅助的交际工具，既有约定俗成的一面，又有不断规范的一面。正因为这样，它才能够正常地为社会服务。

汉字的产生（形成体系）就是约定俗成的结果。当初如果没有约定俗成，你画这么个记号，他画那么几道，怎么能够达到互相交流，取得一致的目的呢？创造汉字的先民们约定俗成的情况，今天我们几乎全不知晓。不过，近代乃至现代其他一些民族使用刻画、图画文字的情况，可以给我们提供若干旁证。

约定俗成是社会性的，但它属于不自觉的阶段。规范化则是建立在对文字的社会作用有充分认识的自觉基础上，用今天的话说，是有领导地进行的。

汉字的规范工作，历史上多称作“正字”。所谓“正”，即是文字在约定俗成的基础上的自觉规范。

1. 传说中的仓颉、史籀

仓颉（黄帝的史官）作为有历史记载的从事汉字规范工作的第一人，是当之无愧的。

对于仓颉造字说，人们有这样那样的解释，其实，它跟奚仲造车等古代发明创造的其他传说一样，应当理解为是在汉字的总结、整理、规范方面作出了重要贡献。在《荀子·解蔽》中有这样的评价：“好书者众矣，而仓颉独传者，壹也；好稼者众矣，而后稷独传者，壹也；好乐者众矣，而夔独传者，壹也；好义者众矣，而舜独传者，壹也。”相同句式里的几个“壹”，只能给一个共同的解释。用荀子自己的话说，就是“虚壹而静”，也就是专一。唯其专一，才能有突出成就，作出重要贡献。所谓贡献，自然不宜简单地从数量方面看，尤其不宜以“立竿见影”的尺度去衡量。即主要不是指仓颉造字多，而应当从质的方面看，理解为做了提高性的工作，即指仓颉在汉字整理、规范方面所起的作用。章太炎《造字缘起说》指出：“一二三诸文，横之纵之，本无定也。马牛鱼鸟诸形，势则卧起飞伏，皆可则象也；体则鳞羽毛鬣，皆可增减也。字各异形，则不足以合契。仓颉者，盖始整齐划一，下笔不容增损。由是率尔著之符号，始为约定俗成之契。”

所谓“下笔不容增损”云云，或许过分，但他强调仓颉在汉字规范方面所起的作用，无疑是正确的。这个功劳，当然可以归于仓颉的时代以及从事这一工作的“仓颉”们。

相传作于周宣王时的《史籀篇》，是教学童识字的课本。那当然是讲究规范的。我们今天教儿童识字，要告诉他们某个字怎么写算对，怎么写算错。由此不难想象周宣王时教学童识字的情况。

《周礼 · 春官 · 外史》：“掌达书名于四方。”郑玄注：“或曰：古曰名，今曰字，使四方知书之文字，得能读之。”使四方能读，其中不无规范成分。《秋官 · 大行人》“谕书名”，意同。

2. 秦始皇“书同文”

文字规范工作，历代都在不同程度上以不同的方式进行。

秦始皇推行的“书同文”是一次有领导的、比较彻底的文字规范活动。东周至战国，周室衰微，诸侯纷争，各国之间文字差异很大，一国内部，文字异形的情况也不乏见。秦国居于关西，基本上未受战火干扰，它的文字不仅自成系统，而且比较划一。秦统一中国之后，面临的是“田畴异亩，车涂异轨，律令异法，衣冠异制，言语异声，文字异形”（《说文解字 · 叙》）的局面。从现在所见的战国文字资料中，可以看到这种“文字异形”的状况。

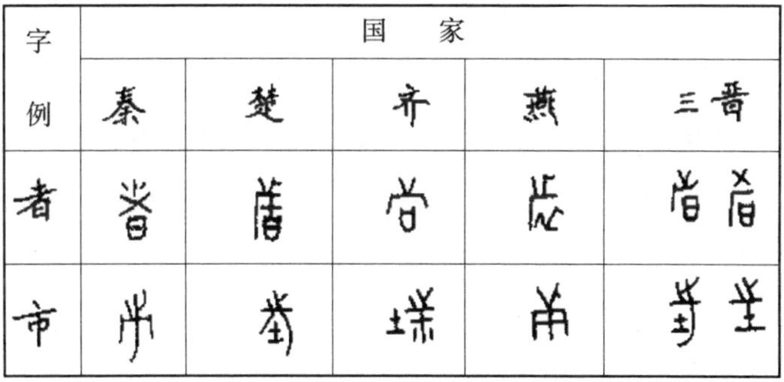

“者”、“市”在战国时期不同国家的不同写法
（图片取自裘锡圭《文字学概要》）

“书同文”，实际是对汉字社会功用的调节，是和“车同轨”、整齐度量衡等一起，作为巩固统一的措施推行的。“书同文”的具体做法是“罢其不与秦文合者”，即各国文字写法与秦国文字不同的，一律废止。从现在的出土材料来看，“书同文”的小篆是以春秋战国时期的秦系文字为基础，吸收各国文字的优点整理而成的。李斯、赵高、胡毋敬分别编了《仓颉篇》、《爰历篇》、《博学篇》，作为推行统一文字的范本。李斯等人编写字书，主要是依据秦系文字，同时借鉴其他六国文字。秦始皇“书同文”，是将统一和简化一起进行的，在推行统一文字范本的同时，还对形体繁复的字加以简化，即所谓“或颇省改”，从而形成小篆。为了使统一、整理后的文字得以推广，不仅在秦始皇巡游所到之处用标准的小篆刻石纪功，还书写了大量诏版，随权、量等器物颁发各地。内容是宣传统一的政令，所用文字皆为小篆。有号令，有措施，足以说明“书同文”是由当时中央政府领导的正字活动。

战国·秦
商鞅量（拓本）

3. 许慎《说文解字》

历代编纂字书，特别是讲析字形的书，大抵出于规范、整理即正字的目的，或至少与规范、整理文字有关。前述《史籀篇》、《仓颉篇》等便是如此。

西汉中后期，陆续出现一批字书。武帝时有司马相如的《凡将篇》。宣帝时征召张敞等续《仓颉篇》，至其外孙杜林有《仓颉训纂》及《仓颉故》。元帝、成帝时有史游的《急就篇》和李长的《元尚篇》。平帝时会集通晓学者百余人于未央宫，讲说文字，扬雄总其成，编就《训纂篇》；扬雄另有《别字》十三篇及《仓颉训纂》一篇（疑或即《训纂篇》，以上见《汉书 · 艺文志》）。

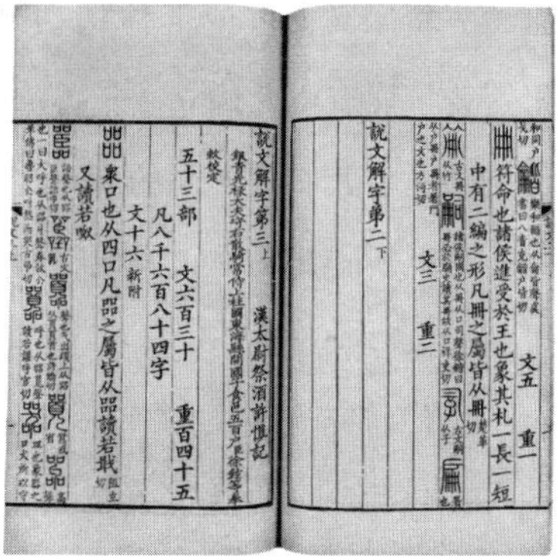

东汉 · 许慎《说文解字》（书影）

汉章帝时，诸生、博士大会白虎观，“讲议五经同异”，而后有许慎的《说文解字》。《说文解字》的正字作用是十分明显的。许慎在《说文解字 · 叙》里列举了当时文字混乱的情况：“诸生竞说字解经，喧称秦之隶书为仓颉时书，云：父子相传，何得改易？乃猥曰：马头人为长，人持十为斗，虫者屈中也。廷尉说律，至以字断法，苛人受钱，苛之字止句也。若此者甚众，皆不合孔氏古文，谬于史籀。”可见当时用字之混乱，不仅字形分析错误，而且影响字义的理解，甚至引起对法律内容的误解。

因此，许慎编《说文解字》正字的宗旨就十分明确了。“遵修旧文而不穿凿”，其办法是“今叙篆文（小篆），合以古籀”。东汉时早已通行隶书，之所以以小篆为正体，是为了便于通过分析字形结构讲述字义。

《说文解字》是中国历史上第一部有体系的文字学著作。今传宋人徐铉等校定本，原许慎本失传。全书共分540个部首，收字9 353个，重文1 163个。字体以小篆为主。兼收“古文”、“籀文”等大篆体，列为重文。每字下的解释，依据“六书”原则，先析字义，再说形体构造和读音。文字学的三大构成——形、音、义，由此确立。其首创的部首编排法，按文字形体及偏旁构造，将其归入不同的部首之下，是依据汉文字形体构造这一基本特征所作出的重大发明，对今天文字学工具书的编纂仍有借鉴意义。

历代研究《说文解字》者不乏其人，尤以清代为众。段玉裁、桂馥、严可均及近人章太炎等注家蜂起，形成了专门之学。在地下陆续出土的甲骨文、金文等资料的对照下，他们发现了原著的不少谬误。但这些谬误，到底是原书本有的，还是传抄过程中和校定时产生的，实在是很难论定。尽管如此，人们要识读小篆之前的汉字体系，如甲骨文、金文等，还得参考《说文解字》。

《说文解字》不仅对汉字的规范化具有重要意义，是识读小篆的重要字书，同时在书法上也有不容忽视的地位。《说文解字》中的小篆形体是后世书家学习篆书的标准或基础，从唐代李阳冰的“铁线篆”至宋代徐铉的“大徐本”、徐锴的“小徐本”再到清代邓石如、杨沂孙、吴大澂、王福庵等无不从《说文解字》中获益。许慎在书法创作理论上也有一定贡献，他首先提出“书者，如也”的观点。后人对此有丰富的、不同的理解和发挥，最后发展到“书如其人”这一点上。而许慎的本意是对仓颉造书方法的一种阐释。仓颉受“鸟兽蹄迒之迹”的启发，“依类象形”，“初造书契”，是一种“如也”的方法。这种“如也”之“形”，盖附于“声”，便构成了“字”。所以，书于竹帛的，是“如也”之“形”。许慎强调了汉字的可视性形体，也就是发现和肯定了汉字书法的视觉审美意义。

4. 蔡邕《熹平石经》与正始年间《三体石经》

从今天的角度来看，蔡邕是一位通才型的古代知识分子，他以经学家、文学家、音乐家、书法家的身份著称于史，同时还对天文、术数、绘画有深入研究。

蔡邕善篆书、隶书两体。汉灵帝光和元年（178 年）设置鸿都门，当时鸿都门内学生多达千人，都是各地推荐来的善书者，推荐的方法是课试尺牍辞赋和“工书鸟篆者”，结果“诸方献篆，无出蔡邕者”。熹平四年（175 年），蔡邕认为“经籍去圣久远，文字多谬，俗儒穿凿，疑误后学”，便和“五官中郎将堂谿典，光

东汉 · 蔡邕《熹平石经》
（局部拓本）

禄大夫杨赐，谏议大夫马日磾，议郎张驯、韩说，太史令单飏等，奏求正定六经文字，灵帝许之。邕乃自书册于碑，使工镌刻，立于太学门外，于是后儒晚学，咸取正焉。及碑始立，其观视及摹写者车乘日千余辆，填塞街陌”。(《后汉书·蔡邕传》)

《熹平石经》是在经学古今文之争的背景下产生的，它的出现代表了汉王朝政府对这一纷争的态度，所以观视者“填塞街陌”。《熹平石经》以通行的隶书“八分书”刻写《周易》、《尚书》、《春秋》、《论语》等七种经书，共四十六块碑石，两面镌刻，每石刻三十五行，每行约七十至七十八字，历时九年始告完工。由蔡邕这位大书家亲自挥毫书丹，故“摹写者车乘日千余辆”。范文澜在《中国通史简编》中说《熹平石经》“从经学方面说，它校正了五经文字；从艺术方面说，石经文字是两汉书法的总结”。

从东汉末年至魏晋南北朝，长期战乱加剧了文字的混乱，但这一时期在文字整理、规范方面也有一些成绩，如魏正始年间的《三体石经》。

三国时期魏政权正始二年（241 年）刻石，古文、小篆与汉隶三种书体刻同文。《三体石经》于史籍中原称“三字石经”，后称“魏石经”或“正始三体石经”，是以《尚书》、《春秋》、《左传》为内容的石刻。刊刻石经的主要目的是“台省有宗庙太府金墉故事，太学有《石经古文》、先儒典训”，以弘儒训，以重儒教。此外，石经文字有校正文献内容与文字、书体之功用，《魏书·江式传》载："又建《三字石经》于汉碑之西，其文蔚炳，三体复宣。校之《说文》，篆隶大同，而古字少异。"又《魏书·刘芳传》记："昔汉世造三字石经于太学，学者文字不正，多往质焉。"从文献记载不难看出《三体石经》的正字作用，将古文、篆书、隶书三体并列还有利于宣扬书法。

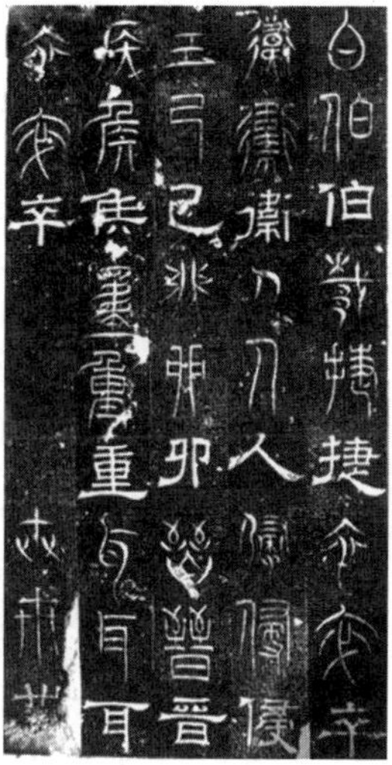

三国·魏《三体石经》（局部拓本）

5. 颜元孙《干禄字书》

隋唐时期，国家取得了统一，政局逐渐稳定，科举取士成为选拔官吏的最主要方式。"楷法遒美"成为科举取士的标准之一，这不但确立了楷书的正统地位，促使人们苦练书法，促进了楷书的繁荣，而且推动了社会用字的规范。

唐代的科举制是全国性的统考，需要统一的教学用书和统一的文字，这就在客观上要求语言文字规范化、标准化。所以唐初颜师古即奉唐太宗之旨考定五经，撰成《五经定本》，使五经文字完全统一，不再有因文字不同而释义各异的弊端；又与孔颖达等撰写五经义疏，称为"五经正义"。这样从文字到解释都有了官方的标准教学用书，供学子考试之用。唐太宗贞观七年（633

年），颜师古又编定《字样》一书，作为楷体规范的依据。据颜元孙《干禄字书·序》记载：“元孙伯祖中刊正经籍，因录字体数纸，以示雠校楷书。当代共传，号为《颜氏字样》。”

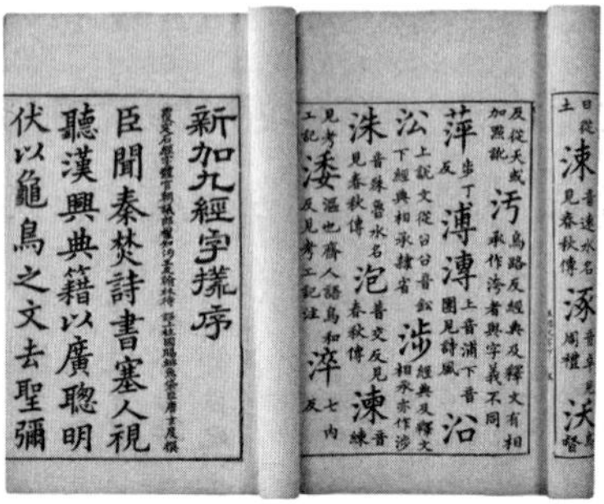

唐·唐玄度《新加九经字样》（书影）

《字样》的目的是确定文字的标准形体，明确文字的确切含义及正确用法，从而达到文字的统一。自《字样》之后，又有杜延业《群书新定字样》、颜元孙《干禄字书》、张参《五经文字》、唐玄度《新加九经字样》，延及宋代，则有郭忠恕的《佩觿》、张有的《复古编》等多种“字样”书出现，其中又以颜元孙的《干禄字书》最为有名。

颜元孙乃颜师古的四世重孙，他在《字样》的基础上编定了《干禄字书》。干，求；禄，禄位。《干禄字书》的命名在于告诉人们，要求得禄位，必须写标准字体。所以《干禄字书》对汉字书写的规范化起了很大的作用，为中国楷书的统一奠定了稳固的基础，并对当时及后代的字样学发展产生了重要影响。

在颜元孙之前，很多字书的目的都在正字，但标准并不齐一。《干禄字书》取的是这样的标准：“所谓俗者，例皆浅近，唯籍帐、文案、券契、药方，非涉雅言，用亦无爽；倘能改革，善不可加。所谓通者，相承久远，可以施表、奏、笺、尺牍、判状，固无诋诃。”（旧注：若须作文言及选曹诠试，兼择正体用之，尤佳）“所谓正者，并有凭据，可以施著述、文章、对策、碑竭，将为允当。”（旧注：进士考试，理宜必遵正体）

过去，有人根据这段话，说颜元孙反对俗字。其实，颜元孙提出了一个有较大灵活性的标准，不同场合有不同的要求：日常记账、开药方，多一笔少一笔，或者写了别字，即用了俗字，也没有多大关系（“用亦无爽”），不过他希望能加以改进，趋于规范。写奏章、判状，可以用通用字，如“采—採”、“阪—坂”等，这个要求并不算严。著书立说，那就要用有根有据的正体了，这似乎是无可非议的，要想做官得到俸禄，必须用正体，“进士考试”云云，点明了题意。

《干禄字书》虽有这样巨大的作用和影响，但在颜元孙生活的当时并未引起人们的注意，真正使《干禄字书》发挥作用的是颜元孙的侄子——颜真卿。颜真卿是中国历史上卓有成就的书法家，同时也是唐代一位重要的政治人物和文化人物。颜真卿虽不是文字学家，却对正定文字作出了自己特有的贡献。首先，他书写《干禄字书》并请人摹刻上石。《干禄字书》原本完成于武则天垂拱年间（685—688 年），然而成书后却没有得到广泛的承认，直到大历九年（774 年）颜真卿手书并请人摹刻上石后，才引起世人重视。此碑一出，人们争相索求，致使工人昼夜传拓不息。《干禄字书》盛传于世，取得了广泛的社会影响，使社会用字一度变得相对规范。其次，作为书法家的颜真卿，其文字书写的规范性是最有力的宣传工具。颜真卿在自己的书法作品中身体力行地书写标准字体，他的书法备受时人珍爱，于是，他对标准字体的推崇就在人们摹写他的书迹的过程中得到了发扬。

从初唐的欧阳询、虞世南、褚遂良、薛稷到中唐的颜真卿、晚唐的柳公权等人，均以自己的努力开拓出不同的艺术特色，促进楷书的最终定型，并使楷书在此达到极致。所以唐代的书法家们，由于处在一个繁盛的时代，他们以书法家的身份，参与到社会用字规范的实践当中去，使得书法不仅仅是一门艺术，更成为规范社会用字的手段。唐以后，科举取士与书写规范紧密相连。历朝历代，上到皇帝，下到各级官吏，都能手书规范字体，这对社会用字无疑起到了示范作用。

唐 · 颜真卿《干禄字书》
（局部拓本）

另外还有张参《五经文字》，一是明六书之要，古体写法简单而意思明了，就不改从小篆，如“明、坐”，不取小篆写法。二是取经典相承隶省者，如“栗、探、寿”等不依小篆隶定。三是辨别笔画讹误，如指出“梅”字不从“毋”，“害”字中间不从“工”。四是补充见于诸经而不见于字书的字。这几点，用今天的话说，就是向前看，即以通行为正，不泥古。

《佩觿》主要是辨析如“杠—扛”、“折—析”等形近字。

《复古编》体例近于《干禄字书》，但正如书名所示，泥古成分较重。如以“沙”的分化字“砂、纱”为非，“亭诒”为正，“停贻”为俗等。

6. 两宋版书

两宋是我国历史上文化的昌盛期，也是图书史上的辉煌期。宋代雕版印刷业的发达，不仅促进了文化的繁荣，而且对汉字的进一步规范和书法艺术的发展有不可磨灭的贡献。

两宋时期“兴文教，抑武事”，文人受到空前尊重。科举制的规模盛大，取士人数超越隋唐，为大量中下层文人进入仕途提供了更开阔的门路。地方学校、私学与书院随之繁荣起来，“学校之设遍天下，而海内文治彬彬”。读书成为社会时尚，“万般皆下品，唯有读书高”，读书人、著书人普遍增多，公、私藏书也大为兴盛。社会对书籍的需求量增大，书籍的快速刊印势在必行。两宋时期，不仅官方刻书盛行，私人刻书也方兴未艾。官方刻书量较大，遍及经、史、子、集四部之书，还有大量的佛藏、道藏等；私人刻书以名家诗文为主，旁及其他。两宋刻书主要集中于开封、杭州、四川、福建四大地区，以杭州为最盛。

每一部版刻书籍无论仅为一册，还是卷帙浩繁，在今天看来都是工程量极大的。而且作为一幅完整作品，在字体、刀法风格上要求前后一致，首尾如一。书手、刻工在通力合作时，一方面基于求简、求速的心理，通过减省笔画，改造字形，引入俗体、简体等方法提高效率，同时在书体上尽量求同，努力寻找一种利于大家共同掌握的、易刻易写的书体。版刻字体以楷书为主，篆、隶、草、行等字体的应用较少。北宋至南宋早期的版刻楷书主要以模仿欧、颜、柳三家唐楷为主，经过书手与刻工长期的雕版实践，在南宋晚期形成了以欧体为基调、兼取颜体“横轻竖重”特征及柳体的某些特征的书体。这种书体在明代中期，又演变为成熟的、高度程式化的宋体字。

版刻书法以实用为主要目的。汉字的实用性要求主要有两个方面：一是作为语言符号应用于记录时，要求汉字一步步简化；另一是作为语言符号书写时，要求把字的笔画写得方便、快捷、通俗、易识，直截了当，交代清楚。宋代版刻书法的发展，实际上就是对唐楷进行改造和简化的过程。弱化欧、颜、柳三家楷书的个性特征、强调其共性特征是宋代版刻楷书所遵循的基本原则。采取的具体方法主要有化曲为直、易圆为方、删繁就简等。

欧体、颜体、柳体三家最为明显的区别，便是“口”字两竖的取向：欧内擫，颜外拓，柳则兼而有之。宋代版刻书法在南宋早期以前，尚能遵循三体既有的原则，后来则慢慢将“外拓”或“内擫”的曲线变为直线，既方便奏刀，又利于统一。其他弯曲的笔画如撇、捺等，也尽可能减少弧度，使其变直。与方形相比，圆形点画奏刀明显不易。易圆为方是加快镌刻速度的主要途径之一。欧体的点，棱角方严，多呈三角形，三边三刀，顷刻而就；横画入笔、收笔都是斜切，一刀即可完成；竖画入笔也是一刀斜切即可。颜体、柳体的笔画相对复杂，因此，欧体逐渐成为两浙地区版刻书法的首选字体，并一直发展到明代成为美术字，这与其笔画方正易于奏刀不无关系。

删繁就简，一方面是简化字形，在版刻书法中采用一些简体字、俗字，另一方面表现在刀法上。为了追求镌刻速度，刻工刀法尽可能减少奏刀次数。南宋绍兴九年（1139 年）临安府刻《文粹》之“黄”字，上面两横不断开，连接成一字，这种写法被现代简体字所吸收、借鉴，后来统一写作“艹”。这样就减少了笔画数，使得刻写更加快捷易行。版刻书法还遵循“横平竖直，左右对称”的原则，将唐楷原本右上倾斜的横画写作水平状，原本有所倾斜的竖画写作垂直状，并逐渐形成一些几何状的图形，如横画末端的三角形、横折处的凸起等。

自宋代雕版印刷大兴开始，童蒙教育不免要以版刻书籍为教材。版刻书籍大都是官方允许使用的严肃字体，端正谨严，美观统一，汉字的规范化程度空前提高，对读书者尤其是学童的书写规范有着潜移默化的影响作用，甚至被用为字帖，进行临摹和学习。因此，版刻书法有承载文献、传播文化、规范汉字书写之功，其艺术性对书法史的发展也起着巨大的推动作用。

宋代版刻书法以其做工精良、行款清晰、字迹端庄、印刷精美等优点对元明清的版刻书法和书坛产生了深远影响。明昆山张应文《清秘藏》云：“藏书者贵宋刻，大都书写肥瘦有则，佳者绝有欧柳笔法。”明谢肇淛《五杂俎》云：“凡宋刻有肥瘦两种，肥者学颜，瘦者学欧。行款疏密，任意不一，而字势皆生动。”明高濂《遵生八笺》云：“宋人之书，纸坚刻软，字画如写。”从元代赵孟频到清代金农都曾借鉴版刻书法的意韵，创造出属于自己的艺术特色，赵孟频的楷书“赵体”还被元代及后来各代长期用作版刻书体，这更证明了赵氏与版刻书法的不解之缘。直至今日，以孔六庆、老圃等为代表的少数画家，继承了郑思肖、金农等人的传统，仍然模仿宋代版刻楷书来题写画款。

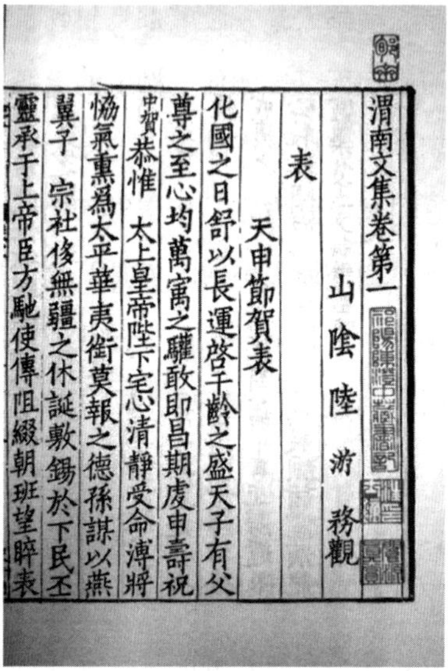
渭南文集卷第一 山陰陸游務觀
表
天申節賀表
化國之日舒以長運啓千齡之盛天子有父
尊之至心均萬寓之驩敢即昌期虔申壽祝
中賀 恭惟 太上皇帝陛下宅心清靜受命溥將
協氣熏爲太平華夷銜莫報之德孫謀以燕
翼子 宗社侈無疆之休誕敷錫於下民丕
靈承于上帝臣方馳使傳阻綴朝班望睟表

北宋·《淮南文集》(刻本)

另外，宋代活字印刷术的发明和应用对汉字的进一步规范也具有重要作用。据《梦溪笔谈》（卷一八）记载，宋仁宗庆历年间，毕昇发明了活字印刷术。活字印刷制版迅速，印刷质量好，印刷中出现的错别字也可以随时更换。更重要的是活字印刷改变了雕版印刷一套版只能印一部书的方式，制一套活字字模可反复使用，排印多部书籍，印刷效率和质量都大大提高。

在印刷术产生前，书籍的书写就已经很讲究书法了，在雕版印刷时则讲究刀法和结构，有了活字印刷后就逐步形成了汉字的印刷字体，这对促进汉字字形的稳定、汉字书写的规范具有重要意义。现代印刷中常用的中文字体有宋、仿、楷、黑四大系列，它们又可分为方、长、扁三种形态，由于粗细的变化而形成了多种风格，加上不同的字号，使中文印刷字体的种类有上百种。来源于宋代版刻书法、端庄典雅的宋体被作为印刷用的基本字体，因它刚柔相济、浓淡适中，阅读起来也最省目力。

7. 以通行为正的正字标准

文字规范化，即所谓正字，是社会的需要，也是为了更好地发挥文字的社会功能。大凡社会稳定、繁荣时期，对此都尤为重视，成绩也较明显。

文字发展过程中，出现歧义是正常现象，进行规范时自当有所取舍，或取流通较广的，或取书写便利的。秦“书同文”时“罢其不与秦文合者”，“皆取史籀大篆，或颇省改”，毕统一与简化于一役，颇为可取。

倘用于研究，尽可征引古典，疏理流脉，以明字义字理；而规范工作即确定当代社会用字，则应以当时为主，以通行为据，因为规范的目的是推动社会正确用字。颜元孙将文字分俗、通、正三体，也就是区分用字的不同层次，这在当时有实际意义。既有高标准的“正体”，也允许日常使用“俗体”；对于“俗”，也不是一概放任，而是“倘能改革，善不可加”。这些要求是客观的，现实的。

近现代，文字规范研究多限于个人或社会团体，主要是写写文章，搞点试验。直至 20 世纪 50 年代，才有国家主管部门领导的文字规范工作，可概括地称为汉字的简化和整理。1955 至 1956 年相继公布的异体字整理表和简化汉字表，也正是把去除异体和简化作为一件事情的两个方面来进行的。

1952 年 6 月，教育部公布《二千常用字表》，收一等常用字 1 010 个，次等常用字 490 个，补充常用字 500 个，作为扫除文盲的标准。为了减少字数，逐步消除字形混乱现象，1955 年 12 月，中华人民共和国文化部和中国文字改革委员会联合公布《第一批异体字整理表》，该表收异体字 810 组，以从俗从简为原则，选用 810 个正体，淘汰 1 053 个异体。该表从 1956 年 2 月 1 日起在全国正式实施，全国出版的报纸、杂志、图书一律停止使用表中括号内的异体字，机关、团体、企业、学校用的打字机盘中的异体字也应逐步改正。1956 年，中国文字改革委员会成立普通话审音委员会，对 1 100 多个异读词和 190 多个地名的读音进行审议，并于 1957 年 10 月、1959 年 7 月和 1962 年 12 月先后发表《普通话异读词审音表初稿》正编、续编和第三编，对现代汉语的语音规范和普通话的推广起了积极作用。1985 年 12 月，国家语言文字工作委员会、国家教育委员会和广播电视部联合发出通知，决定把修订稿用《普通话异读词审音表》的名称予以公布。自公布之日起，文教、出版、广播等部门及全国其他部门、行业涉及普通话异读词的读音、标音均以此表为准。为了消除印刷物字形混乱现象，实现文字标准化。从 1965 年 1 月起，经过 10 年努力，中华人民共和国文化部和中国文字改革委员会联合发布了《印刷通用汉字字形表》，共收字 6 196 个，遵循从简从俗、便于学习和使用的原则，提供了通用汉字印刷字体（宋体）的标准字形，规定了表内字的笔画数目、笔画形状、笔画顺序和构件部位，它既是印刷字体的标准，也是写字教学的标准。1988 年 3 月，国家语言文字工作委员会和新闻出版署又在《印刷通用汉字字形表》基础上删去 50 字，增收 854 字，制定发布了《现代汉语通用字表》，共收字 7 000 个。1964 年，中国文字改革委员会等部门提出了音序、部首、四角号码和笔画笔形等 4 类查字法的方案草案，推荐给各方面试用。1983 年 6 月，又拟订出《统一汉字部首表》（征求意见稿），共立部首 201 个。

颁刊字书，实际上是一种推行正字成果的重要措施。纵览古今，《史籀篇》、《三仓》、秦刻石等，无不是如此。不过，刻石、编字书，在当时影响甚微，即使在印刷术广泛应用之后，实际效果也相当有限。这是社会历史条件所决定的。

文字作为社会交际的辅助工具，在使用过程中，总会出现违反规范的现象，需要不断加以纠正。近三四十年来，我国先后公布过一些有关正确使用汉字的法规性文件，已经收到了良好的效果。规范的对象是出版印刷用字和社会用字，基础则是汉字教学。

五、书法艺术对汉字的依循

中国书法，是东方艺苑里的一块瑰宝。几千年来，流传不衰，代代都有杰出的书法家出现。当代书家沈尹默将书法列为最高的艺术形式，说它“无色具有图画的灿烂，无声而有音乐的和谐，不是诗，却有诗歌的意境，不是舞蹈，却有舞蹈的节奏，引人欣赏，心旷神怡”。中国的书法是独特的艺术。它以特有的线条韵律，表达对于自然、对于生命的深层的思考，表现人格风度、性情志趣，表达民族美感。它有画的灿烂、乐的和谐、诗的意境、舞的曼妙。它负载着丰蕴的文化心理和艺术审美价值。

中国的书法和汉字密切相关。汉字是书法艺术的载体，书法从汉字的母体中诞生出来，又积极参与了汉字字体的变革。虽然书法艺术有自己的艺术逻辑和独立个性，但书法艺术必须遵循汉字的形体结构。

传统的“六书”说，即是分析汉字结构条例的学说。东汉学者许慎在《说文解字》中记载：“《周礼》八岁入小学，保氏教国子，先以六书。一曰指事。指事者，视而可识，察而可见，‘上’、‘下’是也。二曰象形。象形者，画成其物，随体诘诎，‘日’、‘月’是也。三曰形声。形声者，以事为名，取譬相成，

‘江’、‘河’是也。四曰会意。会意者，比类合谊，以见指撝，‘武’、‘信’是也。五曰转注。转注者，建类一首，同意相授，‘考’、‘老’是也。六曰假借。假借者，本无其字，依声托事，‘令’、‘长’是也。”

汉字在几千年的历史演变中，形体结构不断发生变化，但每一次演变都不是任意为之，都必须遵循一定的规律。自汉代以来，大多学者都十分重视汉字形体结构的研究，研究结果渐趋科学、理性。在汉字形体演变中逐渐产生的书法艺术也应该依循汉字结构的理性。

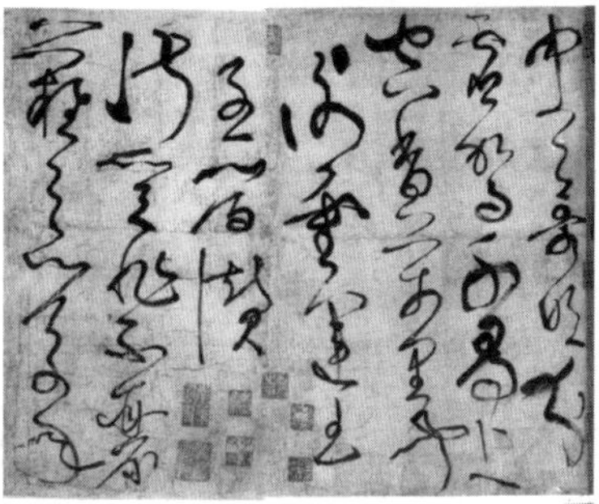

唐 · 张旭《古诗四帖》（局部）

以用古文字来创作的书法作品而言，书法家可以用笔墨在纸上自由地写出甲骨文、金文，生动地再现刀刻、范铸的效果，也能用小篆的大小、斜正、疏密，形成错落有致的章法，但是不能自己生造没有的甲骨文、金文、小篆。写甲骨文就当是甲骨文的结构，写金文当是金文的结构，写小篆当是小篆的结构，绝不能杜撰文字，胡拼乱凑。以甲骨文而言，殷墟甲骨文之单字目前发现近五千个，而能辨识者只接近两千，其中又有约五百个虽经考释，但分歧很大。因此，作者创作甲骨文书法在取字时必须以确认的甲骨文为依据，实在没有的也不应该“独创”，而应该用通假的方法来解决。甲骨文、金文的结构虽不能全用“六书”来剖析，但仍有一定的结构原理，有时不懂其结构往往会搞错。比如甲骨文中，十是“甲”，三是“乞”字，二是“上”字，不知其结构则往往易用错、写错。以行书、草书的书法作品而言，虽然形体已有极大的省略。但是行书必须是合行书的结字原则、草书也必须是合草书的结字原则，否则只是“独创”他人不识的行、草书，也不能算是真正的成功作品。张旭、怀素的狂草笔走龙蛇，点线飞动，但是尽管变化万千，还是能作出释文来，内容是可以理解的。

启功谈书法时说过：“现在书法上的流派很多。有的偏重于点画的奇特，有的偏重于结构的安排与前人不同，有的在章法上参差交叉。可不管怎样写，总有个条件，写出来得是‘字’。比如写个‘人’字，你要是写成两个竖道向下，就没人能认出是个‘人’字。文字作为语言文字的符号，有它的基本条件。无论怎样变化，它也得受文字作为符号基本功用的限制。”①

1986年第二期《书法通讯》载《李泽厚、沈鹏就“书法是否可脱离汉字进行创造”答本刊记者问》，李、沈二位的回答也是否定的。李泽厚认为：新时代的书法艺术离开汉字去创造，可以更自由更独立地抒写建构主体感受情绪的同构物，实际它约略相当于抽象表现主义的绘画。但是获得这种自由和独立的代价却

① 张铁英：《启功先生谈书法》，《中国书法》1989年第4期，第11～15页。

是：①失去了继续对汉字原有结构中的美的不断发现、发掘、变化和创新；②失去了书法艺术美的综合性。

当代书家欧阳中石也认为：我们的文字是记录思想的工具，无论是最简单的事务，还是极端重要的大事，都必须借助文字来传达。所传达的信息一定是有内容、有思想的。人们把自己对于文字、对于文字中的思想的认识，特别是美的认识，再加以提炼、深化，用笔墨表现出来，不仅使观看者接受文字的内容、思想，而且使他们感受到笔墨的生机和色泽。这就是“书”的价值所在。

汉字形体结构所蕴含的美学特征是汉字成为书法艺术的基本要素，汉字形体所传达出的思想等信息也是书法价值的载体。如果脱离了汉字，书法艺术也就失去了艺术价值。

汉字与汉字组合连缀成词、句、诗、文，这也是理性的，是按照一定的语法规律，或诗词格律，表达一定的意义、抒发一定的情感的。书法在创作时总要抒写一定的内容，一定的文句，就得按照汉字的这一理性。对于书法家来说，可依文句，觅取最佳的笔墨表现方式，如书体选择、字形安排、行间布置、章法创造等。通过笔墨挥洒的书艺美，表现其文义美，抒发自己的情感。

王羲之写《乐毅论》时充溢着怫郁不畅的心情；写《东方朔画赞》时思绪远涉瑰丽的意想；写《黄庭经》时，感到虚无境界的悦心怿意；写《太师箴》时，便有纵横争折的处世心境；写《兰亭序》时，思逸神超；写《告誓文》时，心情不畅，志趣惨苦。这说明不同的文字内容，触发不同的思绪情志，书圣王羲之身手不凡，他可以选择不同的书艺表现形式来展现其当时的情志思绪。李斯为秦始皇写歌功颂德的石刻文章也是这样。即使是那些铜器铭文上面的祀典、赐命、出猎、征伐等内容，当时那些名不见经传的书家在书写时，也是合其理性的，用希冀“子孙永宝”的心情，用艺术的匠心结撰而成。

在欣赏书法时也是以汉字结构成的文句作为引导，同时又受其制约的。如果把书法比作一首乐曲，那么其点画犹如音符、节奏、旋律，文句便如歌词一般；如果说一篇作品是一段墨舞，那么文句犹如舞蹈中的语汇、对舞姿内容的旁白。

尽管有不少书家赞成“书法美本身是独立的、并不依存于其作为汉字符号的文字内容和意义；所以，断碑残简，片楮只字，仍然可以具有极大的审美价值”的观点，但这话有一定的片面性。因为它只从欣赏者的角度考虑，而忽视了创作者的心态。对创作者来说，断碑残简、片楮只字，并非原貌，原来必是不断不残，不片不只，而是有连贯意义的文章。今天我们看到的甲骨文残片，金文中《散氏盘》、《虢季子白盘》，秦石刻小篆，汉碑，甚至汉晋断简残片都是历经千年风雨的剥蚀，面目已经不太清晰，但在创作之初一定是形式与内容完美结合的佳作，文义也是明白易懂的。一个书法家绝不会将毫无连贯意义的汉字排列在一起书写成一幅作品（当然，临帖不在此例）。这对当代书法家来说也是一样的，不论写古人或自作的诗文，除有特定目的者外，有时也并非出于对诗文意义的钟爱，而是由于该诗文中的大多数汉字自己可以得心应手书写，成就一幅佳作的可能性较大。但不可避免的是其中肯定仍然有少数甚至个别比较难写的汉字成为障碍。书家所采取的态度必然是克服一个个障碍，而绝不会越过障碍而破坏文字的连贯。偶然有错或漏字、多整幅重书，实在不忍割爱，亦必在后注明“某字误某”或“某下脱某字”云云（即使写一字成幅，也必写能自成概念者）。

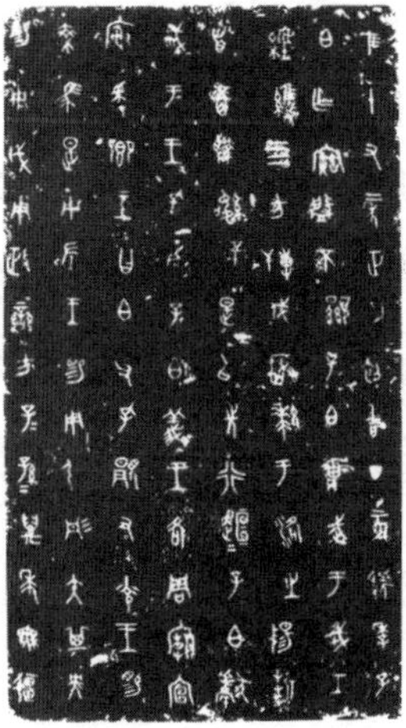

西周 · 虢季子白盘
（拓本）

在中国数千年的书法史中，书法创作重视文句内容，依循文字的这种表义的理性，是一个优良的传统。在当下的书法创作中，这种传统应该继续得到发扬光大。

从书法创作实践活动中主体与客体的关系来讲，书法艺术创造也不能脱离汉字。只有借助于一定的物质载体，艺术才能获得它能诉诸感觉的可能性。同时只有诉诸一定的知觉客体，艺术方能传播它的意义。

艺术作为一种创作实践活动，其主体是艺术家，其客体是艺术家正在艺术处理着的描写对象。在艺术想象中，主体（艺术家）、客体（描写对象）形成了相互依存的关系。艺术家如果还没有进入创作活动，他与一定的对象不发生关系，那么此时艺术家还不是主体，主体是对一定的对象而言的。反之，一定的对象没有进入作者的艺术活动中，不与艺术家发生关系，那么一定的对象也还不是客体。主体与客体是相对而言的，主体之所以成为主体，是因为有客体的存在，反之亦然。既无主，何来客；既无客，哪有主。书法家的创作客体就是汉字。

汉字发展成为书法艺术的重要原因是汉字字形众多，几万个汉字都是由这么几种笔画组成，不能不依靠结体的千变万化。一个字从开始到定型，其字形必然经过多次变迁、淘汰，按照可辨认性和美的规律建造。“这样一个千变万化的具有初步形式美条件的博大丰富的文字系统”是产生书法美的重要原因。而且，书法家所依赖的不仅是字，还必须成文。汉文是保证汉字可以连续书写并构成整幅书法之美的必不可少的条件。

假如一种情感或情绪未能通过一定的艺术形式来加以约束和规范化，那么它就只是一种原始的或极为简单的宣泄活动，而不成为艺术品。

越不自由，越有乐处。乐处最终在不自由中而能自由发挥，因为如此方显出英雄本色，而得胜利者之满足。汉字这个约束和规范，作为知觉客体，为书法家提供了艺术创作的广阔天地。至少在现阶段，大多数书法家离开汉字将一筹莫展，束手无策。试想，当一个书法家拿起笔欲从事创作，若命其不得书写汉字，则只能重新将笔搁下。

汉字既是客体，从某种意义上说，也是书法家的“敌人”，有时可以逃避（如找异体字代替），有时又必须“强攻”。书法家的本领在于化敌为友、化敌为亲，正是在这个过程中取得进步。俗话说，好事多磨。在艺术创作里，往往多磨才能好。正像格律诗那样，在严格的要求下，内容与形式却能达到完美结合，这才是艺术家追求的最高目标，更是艺术家的乐趣所在。正如尼采诗云：“光滑的冰，对于那些深知舞蹈法门者是一座乐园。”19 世纪意大利批评家卡斯特维特罗也有一句名言：“欣赏艺术，就是欣赏困难的克服。”书法家正需要这样的欣赏者。因此，书法若脱离了汉字、汉文，自由可能不是扩大，而是缩小了。正好比脱离语言规律说话，可说的话必然不是增多而是少得可怜一样。

书法艺术在汉字几千年的演变中逐渐孕育、发展、成熟。汉字为书法创作提供了广阔的空间，书法艺术也为汉字增添了无数光芒。书法艺术虽然有一定的独立性，但始终不能脱离汉字的规范和约束。

参考文献

［1］中国文字改革委员会发布：《第一批异体字整理表》，北京：人民教育出版社 1956 年版。

［2］潘伯鹰著：《中国书法简论》，上海：上海人民美术出版社 1962 年版。

［3］（汉）许慎著：《说文解字》，北京：中华书局 1963 年版。

［4］沈尹默著：《书法论丛》，上海：上海教育出版社 1978 年版。

［5］邓散木著：《篆刻学》，北京：人民美术出版社 1979 年版。

［6］唐兰著：《中国文字学》，上海：上海古籍出版社 1949 年版。

［7］金开诚著：《文艺心理学论稿》，北京：北京大学出版社 1982 年版。

［8］侯镜昶著：《书学论集》，上海：华东师范大学出版社 1982 年版。

［9］张光宾编著：《中华书法史》，台北：台湾商务印书馆股

份有限公司1981年版。

［10］冯亦吾著：《书法探求》，北京：北京出版社1983年版。

［11］（清）顾蔼吉编著：《隶辨》，北京：中华书局1986年版。

［12］沙孟海编著：《沙孟海论书丛稿》，上海：上海书画出版社1987年版。

［13］祝嘉编：《艺舟双楫、广艺舟双楫疏证》，成都：巴蜀书社1989年版。

［14］容庚编著，张振林、马国权摹补：《金文编》，北京：中华书局1985年版。

［15］裘锡圭著：《文字学概要》，北京：商务印书馆1988年版。

［16］李乐毅著：《汉字演变五百例》，北京：北京语言大学出版社2002年版。

［17］潘运告编著：《张怀瓘书论》，长沙：湖南美术出版社1997年版。

［18］秦永龙编著：《汉字书法通解（行·草）》，北京：文物出版社1997年版。

［19］（清）康有为著，崔尔平注：《广艺舟双楫注》，上海：上海书画出版社1981年版。

［20］丛文俊著：《中国书法史·先秦、秦代卷》，南京：江

苏教育出版社 2009 年版。

[21] 华人德著:《中国书法史 · 两汉卷》，南京：江苏教育出版社 2009 年版。

[22] 刘涛著:《中国书法史 · 魏晋南北朝卷》，南京：江苏教育出版社 2009 年版。

[23] 朱关田著:《中国书法史 · 隋唐五代卷》，南京：江苏教育出版社 2009 年版。

[24] 曹宝麟著:《中国书法史 · 宋辽金卷》，南京：江苏教育出版社 2009 年版。

[25] 黄惇著:《中国书法史 · 元明卷》，南京：江苏教育出版社 2009 年版。

[26] 刘恒著:《中国书法史 · 清代卷》，南京：江苏教育出版社 2009 年版。

[27] 张桂光编著:《简明书法教程》，广州：广东高等教育出版社 2010 年版。

[28] 徐中舒主编:《汉语古文字字形表》，北京：中华书局 2010 年版。

[29]（唐）孙过庭著，郑晓华编著:《书谱》，北京：中华书局 2012 年版。

[30]（唐）张怀瓘著，石连坤评注:《书断》，杭州：浙江人民美术出版社 2012 年版。

[31]（唐）孙过庭、（宋）姜夔著，陈硕评注:《书谱、续书谱》，杭州：浙江人民美术出版社 2012 年版。